「今ここ」を生きる人間関係

グループファシリテーターの会 Seeds 監修
杉山郁子 編

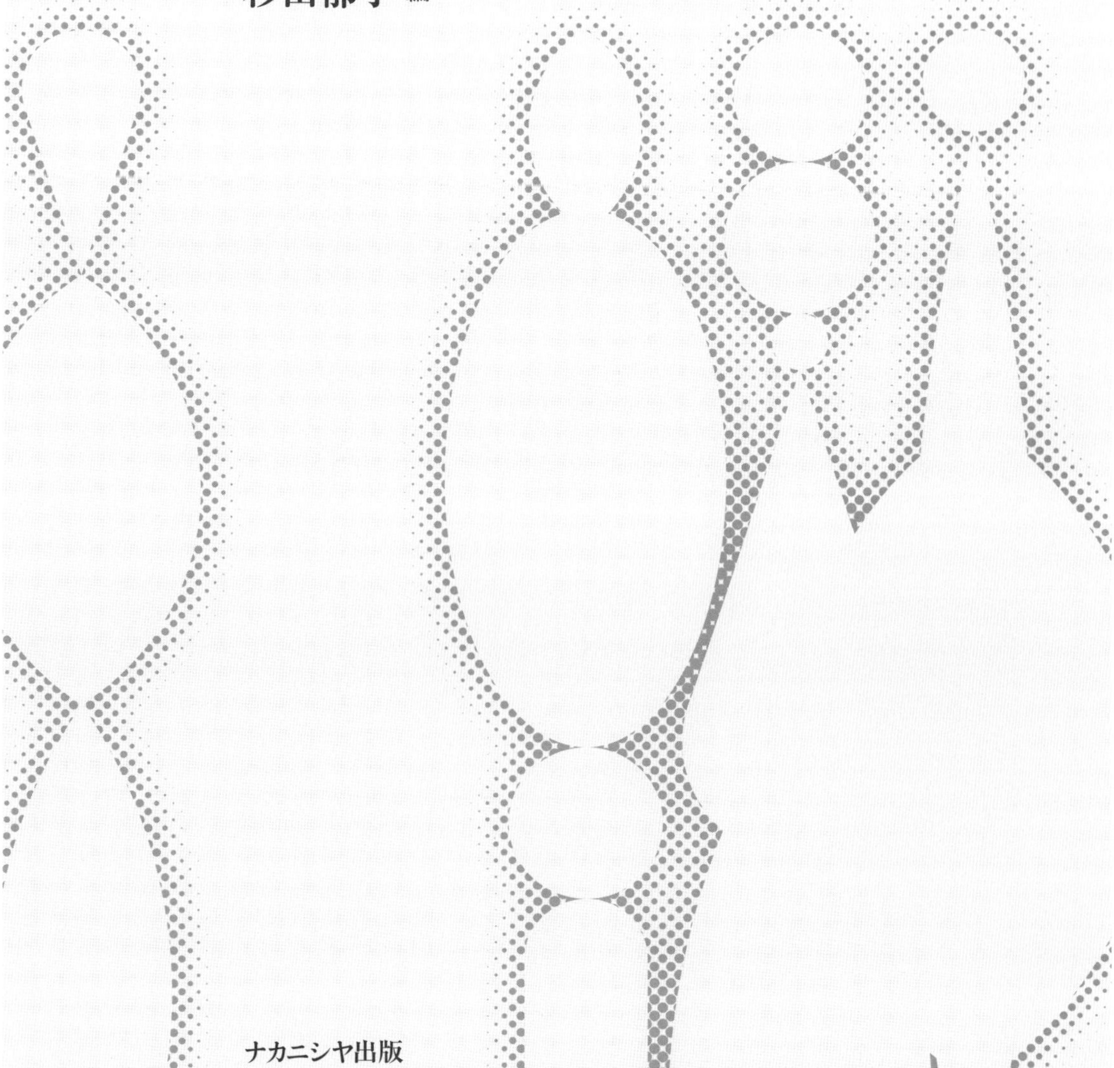

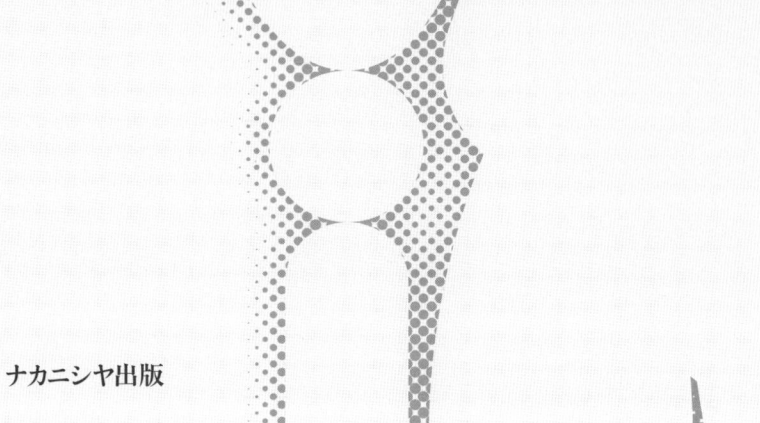

ナカニシヤ出版

はじめに

　私たちの日常の生活の中では，どうしても結果に関心が集まってしまい，そこに至る過程や，その中で何が起き何が得られたかは，見過ごされてしまうことが多いのではないでしょうか。

　2012年の夏はロンドンオリンピックで多くの人が感動を得ました。その時のオリンピック選手へのマスコミの取材を思い出してみましょう。注目を浴びるのはメダルを取った選手ばかりで，取れなかった選手が取り上げられるのは稀なことです。しかし，メダルを取った取らないにかかわらず，オリンピックに出場するまでの本人の努力はすさまじいもので，結果にかかわらずその人自身が貴重な体験をしていることに変わりはありません。

　私たち Seeds は結果だけを大切にするのではなく，そこに至る過程で起こるさまざまなこと（プロセス）を大切に，意識的に取り上げていくラボラトリー方式の体験学習の提供をしています。ラボラトリー方式の体験学習とは，一人ひとりの違いを大切にした学習です。同じ場にいても全員が同じことを学ぶわけではなく，一人ひとりがその学習の過程で自分と他者の心の変化，「今，ここ」で何が起こっていたのか，そしてそれはなぜ起きたのか，そのために何ができるかを考えることで，普段気づいていない自分のありようや，他者とのかかわり方を見出していく学習方法なのです。

　私たちは日々の暮らしの中で，人間関係にストレスを感じたり，職場・学校・地域・子育ての場など身近なところでより良い関係がもてないといった問題を感じることが多くあります。Seeds では，このような問題に答える一つの方法として，ラボラトリー方式の体験学習の学びが必要とされていることを強く感じています。そして，この学び方をより多くの人々に知ってもらい，必要とされるところで活かしてもらいたいと願っています。

　そこで，今まで蓄積してきた経験をもとに，女性が抱える人生上での課題に対してどう向き合っていけるのか，同じ女性として応援メッセージを込めてまとまった形にしたいと思い，この本を出版することにしました。この本を読んで，あなたがそのかかわりの中で，あなたらしく生きるためのヒントを見つけていただけたら，うれしく思います。

　「グループファシリテーターの会 Seeds」は，南山短期大学人間関係科で学んだ卒業生が中心となって 2001 年 12 月に結成されました。結成以来 10 年間あまり，互いに尊重し合い安心してかかわりのもてる学びの場を提供してきました。その中で，学習者が人間関係の中で起こるさまざまな問題に向き合い，より良い人間関係を模索し，自己実現を目指していく過程を援助促進（ファシリテート）していくことを実践し続けています。

　この本を出版するにあたり，ナカニシヤ出版の宍倉様には細部にわたりご指導いただきました。初めて本を書く私たちは，大変頼りにさせていただきました。また，Seeds のロゴの作者でもある伊東留美さんには，この本でもイラストを描いていただきました。お二人に深く感謝申し上げます。そして，私たちに今まで力を貸してくださった方々や，ファシリテーターとしての種をくださったリチャード・メリット先生はじめ恩師の皆様にも，この場を借りて私たちを育てていただいたお礼を申し上げます。最後に Seeds のメンバーの家族に感謝の気持ちを添えて，この本を捧げたいと思います。

目　次

はじめに　*i*

序　人間関係を体験から学ぼう　　1
1　私たちと人間関係　*1*
2　ラボラトリー方式の体験学習とは？　*2*
3　ジョハリの窓　*4*
4　一隅を照らす人をめざして　*6*

1　女性のライフステージと人間関係　　8
1　女性のライフステージ　*8*
2　女性が人間関係から得られるもの　*14*
3　自分らしく生きるには　*18*

2　価値観を問われる時　　20
1　私たちの価値観ってどういうもの？　*20*
2　「私の価値観」を尊重することは大切　*21*
3　かかわりの中で変化する価値観　*23*
4　互いの価値観を共有することで拓かれる道　*24*

3　感性を磨く　　28
1　見えにくいこころ　*28*
2　非言語コミュニケーションをとらえてみる　*33*
3　Tグループと感受性　*38*

4　関係の中で自分を育てるとは　　43
1　人と関係を深めるには　*43*
2　私たちは期待される像で生きている　*46*
3　かかわりの中での成長と支え合い　*48*

5 よりよいコミュニケーションをめざして ———— 54

    1 私たちはそれぞれのものの見方をもっている *54*
    2 私たちのコミュニケーションの現実は？ *56*
    3 「効果的コミュニケーションの5つの要素」と「表現方法」に注目する *58*
    4 「アサーション」：互いに納得のいくコミュニケーションをめざして *70*

6 組織の中の女性 ———— 77

    1 自分自身を磨く *77*
    2 仲間づくりがチームワークを生む *84*
    3 リーダーシップを発揮するには *91*
    4 女性は毎日働きながら磨かれる *95*

7 家族の中で人が育つ ———— 98

    1 育てられてきた私 *98*
    2 育てられるものから育てるものへ *104*
    3 勝手口から社会が見える *109*

  おわりに *112*
  索　引 *115*

●ミニレクチャー：目　次

- ベックハードのGRPIモデル　16
- マズローの欲求の階層説　22
- コンセンサス（consensus）による集団意思決定　25
- ノンバーバル・コミュニケーション　35
- フィードバックの留意点　46
- 社会的相互作用の循環過程　49
- コミュニケーションのプロセス　56
- 効果的コミュニケーションの5つの要素　60
- ことばの3つのレベル：「報告・推論・断定」　64
- ことばの抽象度　66
- 感情の伝え方の3つのタイプ　68
- アサーション：コミュニケーション3つのパターン，3つのかかわり方　72
- 自己概念と自己成長　80
- 4つの懸念　84
- 集団の機能からみたリーダーシップ（PM理論）　92
- シェアードリーダーシップ　93
- グループプロセス観察のポイント：グループプロセスをとらえるための問いかけ　94
- 集団規範　99
- 人間的なコミュニケーションをめざして　101

序　人間関係を体験から学ぼう

　この本は、Seedsのメンバーで各章を分担して書いています。みんなで何をどう分担して書いていくか、何度も相談しながら書き進めました。そうしたなかで、全体を通して必ず知っておいてもらいたい基礎的なことがらを、読者の皆さんにまず理解していただくことが必要だろうと考えました。
　そこで、この序章では、「体験から人間関係を学ぶとはどういうことなのだろう」「人間関係を学ぶ時に注目すべき視点はなんだろう」「人間関係を学ぶことによって、私たちはどのように変化していけるのだろう」という基礎を、わかりやすくお話しておこうと思います。

① 私たちと人間関係

❖ 自分のおかれてる人間関係という環境

　まず、私たちがおかれている人間関係という環境について考えてみたいと思います。私たちは両親のつくった家庭に生まれてきます。私たちが自分で自分の存在に気づくより前に、両親をはじめ、その周囲の人々に認証され、名前をつけてもらい、自分という存在が誕生します。私たちの家庭の多くは、日本という国の、ある地方のある町で営まれています。その町には、何百年という昔から営々と続いてきた歴史があります。生まれてすぐに私たちは私たちの家族がつくってきた集団とその歴史の中にするりと入り込んでいくのです。
　私たちは、両親や祖父母、近所の人たちから、だっこしてもらったり、「いない、いない、ばあ」をしてもらったり、さまざまな働きかけを受けて育ててもらいます。このころの私たちは自分の欲求のままに生き、お腹がすけば泣き、おしめが濡れれば泣き、眠くなればまた泣いていたのでしょう。そんななかでも、いつしか両親の喜ぶ顔を覚え、その顔見たさに愛想をふりまくこともできるようになっていったと思います。そうやって、周囲の人と共に生活するなかで、他者の姿をモデルとして真似ながら、ことばや行動、態度などさまざまなものを習得してきました。私たちはこうして、ヒトから人間、日本という国のある地方に生まれ生活している一人となってきました。もし、たった一人でこの世に存在していたら、人とのかかわりがなかったら、私たちはただのヒトという動物でしかなかったかもしれません。他者が存在しなければ自分と他者とを区別する必要はなく、名前さえもいらなかったかもしれません。こう考えてみると、人間は、周囲の人と共に生きるなかで自分をつくっていくのだと言えるでしょう。
　私たちは、自分のことをうまく表現できないうちは、泣いたり、ぐずったり、身体いっぱいで表現していました。それが自分から発する唯一のコミュニケーション手段だからです。周囲の人はそれをキャッチし、何を求めているのかをあれこれ推測し、試したりしながら、要求に応えようとします。子供も、自分の要求を通す時はどうしたらいいのか学びます。ことばを習得し、はっきりと応答することができる年齢に達すれば、さらに他者と自分との違いに気づき、多様な他者を知り、その違いからまた自分を知るということができるようになります。そして、自分がここにいることの承認を受けつつ、家族や周囲の価値観や規範・慣習に従い、多様な集団の中で自分を育てていきます。また、自分の知りうる限りのさまざまな人たちをモデルに、どんな人になりたいかを夢見ながら生きていきます。このように私たちにとって、人間関係は決して切り離すことができないものなのです。
　一方で、自分をとりまく人たちとの生活は、人間関係の試行錯誤の日々を提供します。私たちは集団の中で、お互いを尊重し合い、おのおのが自

分のありたい姿でいられて，集団の目的も達成できるようにかかわりたいと願います。しかしそのなかでは多くの葛藤が生まれます。もがき，傷つき，苦しみながら，でも，喜び合い，楽しみを共有し，幸せを感じることもできます。試行錯誤の日々は，人間関係の体験から学び，自分や他者にとってよりよい関係づくりをするように人生の課題として提示されているものかもしれません。私たちは，答えのない問いをいつまでももち続けながら生きざるをえないのでしょう。

❖ 人とのかかわりの学び方

　私たちは，人間関係において体験から学ぶということを，意識しているかいないかは別として，人から教えられなくても自然に身につけていると言えます。しかし，ある程度自分が確立し，自分スタイルができ上がってくると，今度はただ体験をしていれば学べるかと言えば，必ずしもそうとは言えなくなってきます。日常では，体験したことを「楽しかった」「つまらなかった」というだけに終わらせていたり，ただ淡々と作業としてこなすだけに終わらせているからです。また，自分を変えていくことはある意味とても厳しいことで，「ま，いいじゃないか」としておきたいところもあります。しかし，「私はこんなふうになりたいな」というものが明確になれば，現状からの脱却のため努力する方向性が見えるかもしれません。多くの人が日常の中に埋没しながらも，時には自分のありようを問い，自分の心に残る体験を吟味し，そこから何かを得ようとすれば，互いに成長できる機会は広がっていくでしょう。

　とは言うものの，そうはうまくいっていないのが現実です。たとえば，人類は未だ戦争を繰り返しています。過去のつらい体験から学べば平和で安心安全の社会がつくれるはずです。家庭内の不和や，組織の硬直化や，日常の人間関係のトラブルなど，うまくいっていない現実を見ると，人はその時々の成功や失敗，心に残る出来事という体験から学びを引き出すことが簡単にはできないと考えられます。

　そうした日々の経験から人はどのようにしたら学んでいけるのでしょう。そのことをモデル化したものに D. A. コルブ（1984）の経験学習理論があります。「日常の『具体的な体験』を，『内省的観察』をし（よく観ること，反省すること），そこから『抽象概念化』し（自分なりの気づきや学びを導き出し），『能動的な実験』をする（自分の得た学びを次の行動に活かしてみる）」とコルブは言っています。体験から学んでいる人は，このサイクルをまわしていると考えられます。人間関係の領域での体験的な学びは，状況やその人独自の問題に対処できるだけのものになりやすく，すべてに当てはまる一般化した理論とはならないものもあります。しかし，他者にとっては，参考になる程度かもしれませんが，誰にでも通用するものではなくても，自分，あるいは自分が所属する集団にとって大事なものであることには変わりありません。体験からどのように学んだらよいかの「学び方」を知れば，あらゆる体験から学べる応用可能なスキルを得ることになるでしょう。

　そして，人とのかかわりを体験から学ぶには，私たちが人間として成長してきた時，周囲の人たちとの生活で学んできたように，他者とのかかわり，特に互いの違いや，その時に感じているものを伝え合う応答が学びの源泉となります。そうした応答をし合うには，まず，他者と学び学ばせてもらう関係をもつことが必要です。人間関係は，互いの信頼関係がある場で多くのことが学べるのです。

② ラボラトリー方式の体験学習とは？

❖ 体験学習の循環過程（EIAHE' のサイクル）

　日常ではじっくり自分に向き合うことはなかなかできないものです。コルブの経験学習理論を基礎に，体験から学ぶことを構造化し，トレーニングの形にしたものが，ラボラトリー方式の体験学習です。ラボラトリー方式の体験学習（以下体験学習）では，コルブの理論をもう少しわかりやすくした EIAHE' という「体験学習の循環過程」を軸にしています（図序 -1）。

　「特別に設定された学習の場（時間と場所とメンバーが決まっています）」で，実際に人とかかわる体験からさまざまなものを学び，成長しようというものです。ラボラトリーは実験室という意味ですが，ここで言う実験とは，自分で自分を試

```
        試みる         体 験         気づく
       【行動力】     （体験する）    【感受性】
                     Experience

    仮説化         問題解決のステップ         指 摘
  （次にどうするか）    学び方を学ぶ       （何が起こったか）
    Hypothesize    生きる力を育てる         Identify
                    内省的実践家

   課題を見つける       分 析           考える
    【応用力】      （なぜ起こったか）      【思考力】
                    Analyse
```

図序-1 体験学習の循環過程（津村, 2012）

す実験，やってみようということです。いそがしい日常の中にあれども，時には，この「特別に設定された学びの場」にチェックインして，その「体験」から，自己点検や成長へのヒントをつかんでもらいたいと思うのです。体験学習の循環過程では，体験の中でおこっていたことを「指摘」というステップでひろいだします。そして「指摘」でひろいだしたことを，共に学ぶメンバーとわかちあいます。わかちあいでは，自分の気づきを率直に伝えていく「自己開示」をします。自己開示をするときには，自分が見たままに評価を加えず伝え合うことが大切です。

　また，さらに自分自身やわかちあいでもたらされた気づきを，なぜそのようなことが起こったのか考えることで学びに転換していきます。これは体験学習の循環過程で「分析」と言われているところです。時には，整理するのに必要な理論がファシリテーターから提供されることもあります。また，他者との対話やお互いの自己開示から，それぞれがハッと気づくこともあるでしょう。そして，次にどうするかを考えます。それが体験学習の循環過程における「仮説化」のステップです。ここではできるだけ具体的な行動目標をつくります。そしてその目標に向けての行動を試みます。その試みの体験から再び得られた気づきを素材に体験学習の循環過程を何度もまわします。これが体験からの学び方です。

　体験学習では，自分が集団の中で，どのようにそこで過ごしているか，それは自分のありたい姿かを問い，自分のありようを模索することになり

ます。また，集団の一員として，集団そのものは目標に向かって前に進めているか，そうでないならば何が課題で，自分はどうはたらきかけられるか，自分たちの問題を自分たちで取り上げ解決へ動きだすことを大切な価値としています。それが，体験から学び，その学びを活かしていくことであり，現状を変えることなのです。たいそうなことをしようというのではありません。自分の周りにほんの少し影響を与えられる人になることをめざしています。学んで気づいたことを，次に活かすことが何よりも大切なことなのです。

✤ 人間関係を観る2つの視点

　体験学習では，人間関係を扱うのですが，それはとても範囲が広いものです。そのためここでは，学習の提供者（この人をファシリテーターと言います）が何に焦点を当てて学ぶのかというねらいを設定します。たとえば，自己概念について，コミュニケーションについて，リーダーシップについて，グループの成長についてなどです。そして，この場でのねらいに準じながら，学習者一人ひとりの個別のねらい（日頃気になっていることや，試してみたいこと）にも取り組んでいきます。

　体験学習の場では，ねらいが達成されるのに適切と考えられた実習など，体験の場が提示されます。そこではまず体験することから始まります。いつもの私や期待される私にとらわれることなく「今ここ」のあるがままの自分で，その課題に取り組んでみればいいのです。そして，課題を達成していくにあたってのねらいをヒントに，自分自

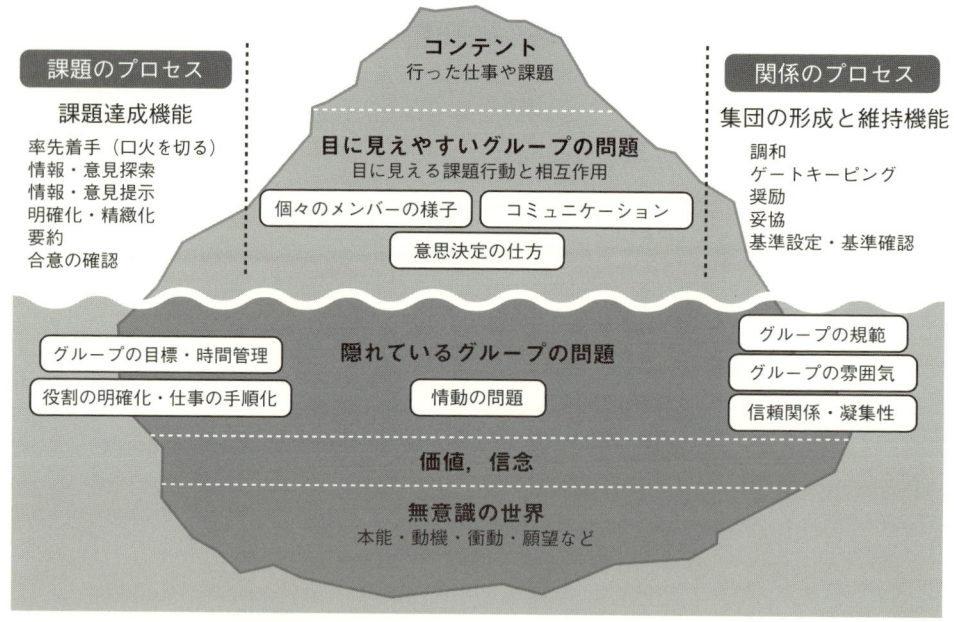

図序-2 人間関係を観る2つの視点 (津村, 2012)

身やグループの様子を，少し俯瞰する目（課題に取り組む自分を少し離れて眺めるような視点）をもちながら取り組んでいきます。

その俯瞰する目で，人間関係を捉える2つの視点「コンテントとプロセス」（図序-2）を使って「今ここ」でどんなことが起こっているかを見ていきます。「コンテント」は，課題そのものやそこで話される話題を言います。「プロセス」は，「コンテント」に取り組む中で，自分，自分と他者との間，メンバーの間で起こっていることを言います。それは，表だって話されたわけではなく，はっきりした形はない何かです。自分自身の気持ちや他者の様子，互いにどのように話したり聞いたりしているか，誰が誰に向かって話すのか，自分はこのグループの一員なのだろうかというように，今感じているすべてのことです。また，少し広い範囲で言うと，グループの中に感じる雰囲気や，暗黙の了解となっている規範や縛りのようなもの，物事の意思決定のされかたといった，「グループのプロセス」もあります。「コンテントとプロセス」は，人が集まって何か目標に向かって動き出す時，必ず同時に起こっていることなのです。体験学習の場では，日頃はなかなか見つけ出せないプロセスをできるだけたくさん取り出して

みます（☞前頁，図序-1）。ここで多くのものを取り出し，気づきをたくさん得ることが，学びの出発点になります。

③ ジョハリの窓

体験から人間関係を学ぶ方策として，対人関係の中で起こっていることと，それをどのように互いの成長へつなぐことができるのか，「ジョハリの窓」（図序-3）を使って，もう少し詳しくお話ししていきます。

体験学習は，個人の成長とともにグループの成長をめざしています。グループの成長とは，学習者相互が，いかに信頼関係をつくり上げその中で自分を生かすことができるかという点です。「ジョハリの窓」は互いの信頼関係をつくり出すプロセスと，個人やグループの成長を考えるための明確でわかりやすい枠組みを与えてくれます。そして，これは図に示されたように，自分自身のことを自分と他者とのかかわりの中でとらえようとしており，自分自身については自分が知っていることと知らないことがあり，また同じく他者が知っていることと知らないことがあると考えています。図序-3に示されているように「Ⅰ. 開放

の領域」、「Ⅱ．盲点の領域」、「Ⅲ．隠している領域」、「Ⅳ．未知の領域」という4つの領域（窓）として命名しています。

Ⅰ．開放の領域

自分が知っていて，他者も知っている自分についての領域を「Ⅰ．開放の領域」と言います。ここは，他者にオープンにしているところで，人と一緒の時でもまったく自由にいられる自分です。開放の領域は自分自身をいきいきとさせていられる部分とも言えるでしょう。また，初めて出会う人やお互いにまだ気心の知れない浅い関係においては，「Ⅰ．開放の領域」が狭いと考えられます。他者との関係の中でより自由で信頼できる関係を築き上げると共にありのままの自分でいるためには，「開放された領域」を広げることが大切になると考えられます。

Ⅱ．盲点の領域

自分は知らないけど，他者は知っている領域を「Ⅱ．盲点の領域」と言います。ここは，無意識のうちに自分を表現しているものや，ノンバーバル（非言語）で他者に伝わっているもの，自然に出てくるくせのようなものがあります。自分が思っている自分と，他者から見える自分は違うということもあります。ここが大きい人は他者とのかかわりの中で新しい発見や，意外に感じて驚くことが多いかもしれません。あるいは，「それは誤解だよ」と自分自身の思いを改めて言わなければ

ばならないことが多い人とも言えます。

Ⅲ．隠している領域

自分は知っているけど，他者には隠している領域を「Ⅲ．隠している領域」と言います。

時々，「今日は気を使って疲れたな」と感じる日があります。そんな日は，人と一緒の時に自由ではなく，余分なエネルギーを使っていてこの領域が広い時なのかもしれません。そのような場合には，どこまで本音で語っていいのかわからず，お互いに不安があったり，信頼の度合いが低い関係にあり，Ⅲが広い時と考えられます。また，Ⅲの領域は体験学習の場においては，「語られない領域」でもあります。自分のプライバシーを包み隠さず話すということではなく，日常では取り上げて語らない「今ここ」のプロセス，すなわち，「今，ここで，何をどう感じているか」が語られているかということです。今，感じていたことの気づきが語られるようになると，この領域は小さくしていけます。

Ⅳ．未知の領域

自分も他者も気づいていない領域を「Ⅳ．未知の領域」と言います。「可能性の領域」とも言えます。まだまだ未開発の特性や無意識の力を秘めたところだと考えられます。自分の新境地を他者と共に開拓していける楽しみな領域です。

お互いがありのままで自由でいられて，信頼関係を深めていくためには，「Ⅰ．開放の領域」を

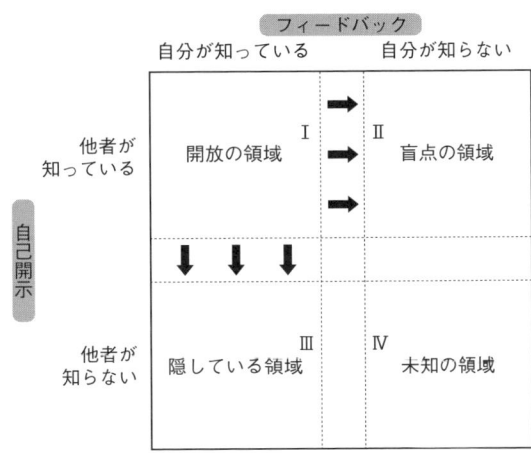

図序-3 ジョハリの窓：対人関係における気づきのグラフ式モデル（津村，2012）

広げていけばいいと言えます。ここを広げるには「Ⅲ．隠している領域」を小さくすることにあります。もう1つは，「Ⅱ．盲点の領域」を小さくすることです。前者は，自分が知っていることや気づいていることを正直に語るといった「自己開示」が「Ⅲ．隠している領域」を小さくするのに有効に働くでしょう。また，後者は，他者から自分自身のことについて気づいていることを伝えてもらう「フィードバック」の働きが「Ⅱ．盲点の領域」を小さくすることになります。この「自己開示」と「フィードバック」が柔軟に行えるコミュニケーションを促進することにより，相互に信頼した関係づくりとありのままの自分の姿を発見したり思いがけない自分に出会ったりすることが可能になるのです（柳原，2005）。

この自己開示やフィードバックは，体験学習のポイントであり，私たちが日常で体験から学んでいく重要なスキルとなります。これについては，4章で詳しくお話ししたいと思います。

④ 一隅を照らす人をめざして

❖ 体験から学ぶとは

体験学習では，人間関係の学び方を知り，それを日常で活かし，変革に向けて行動することをめざします。そして，それを実現するためのいくつかのヒントや理論をお話ししてきました。体験から学ぶにはさまざまな段階があり，さまざまなスキルが求められているとも言えますが，何はともあれ，体験からの「気づき」がないと循環過程を回すことも，自己開示する意味も見出せず，フィードバックをしようにもネタが何もない状況になります。まずは，この「気づき」をもつことが大切です。そのためのトレーニングは可能です。人は誰にも他者の様子に気づいたり，自分の気持ちを知る感受性があります。これを体験学習で磨いていきましょう。

日常では，波風を立てないことに一生懸命になるあまり，感受性を鈍くしている可能性があります。そして，歳をとると鈍くなるとも考えられます。同じことをやり続けると鈍くなるということかもしれません。それはもしかしたら，周囲を見ずに自分の思いにとらわれたものの見方に固執しやすくなって，頑固になっているといえるのかもしれません。逆に若い時は，「感受性が鋭い」とよく言います。センシティブという言葉がしっくりくるかもしれません。そのセンシティブであるがゆえに，感じたことをどのように整理していったらよいのかがわからずに，とまどい続けることになる人もいます。そうでなければ，ただ感じただけに終わらせていて，感覚的な気づきに終わっている人も多いように思います。「よかった」「いやだった」「うれしい」「つまらない」と短いことばで片付け，なぜそう感じるのかという分析が足りないことも見受けられます。どちらのタイプの人にとっても，さまざまに感じていることが人間関係によりよく活かせられるといいなと思います。

体験学習では，今ここで起こっていることをことばにすること，他者に丁寧に説明してみること，互いにフィードバックし合うことが助けになります。ことばにすることは，自分の思いを意識化し，整理するのに役立ちます。その中では，時には衝撃を受けることもあるかもしれません。受け入れがたいことがあるかもしれません。それを真摯に受け止め，考えることが成長につながると言っても過言ではないと思います。

❖ 一隅を照らす人

私たちは，日々精一杯生きています。多くの人が，その場でその人自身ができることに一生懸命取り組んでいます。そういったことは，あまりにも当然で評価は得られていないかもしれません。

しかし，天台宗を開いた最澄は，その著作で次のように述べています。最澄は，日本天台宗を開く時「一隅を照らす国宝的人材」を養成したいと考え，『山家学生式（さんげがくしょうしき）』を著しました。その中では，家庭や職場など，自分自身がおかれたその場所で，精一杯努力し明るく光り輝くことのできる人こそ，何物にも代えがたい人だと書いています。そうした一人ひとりが，それぞれの持ち場で全力を尽くすこと，自分のためばかりではなく他者の幸せを求めていくことで，お互いの関係に変化が訪れるだろうと言っています。

私たちも，互いの成長への意識をもって過ごせば，自分たちの周辺に小さな変化を起こすことになっていくでしょう。静かな水面に一滴の水を垂

らすことで起こる波紋のように、私たちはだれもがそんな「一隅を照らす人」です。ただ、体験から気づいたことを活かすようになるためには、気づきを行動に変えていく力が必要です。それは、自分には何ができるだろうか、自分の問題としてかかわっていくことから始まるのです。そして、自己実現に向けて何よりも勇気を出すことが求められているのかもしれません。

文　献

Kolb, D. A. (1984). *Experiential learning: Experience as the source of learning and development.* Englewood Cliffs, NJ: Prentice-Hall.

津村俊充（2012）．プロセス・エデュケーション―学びを支援するファシリテーションの理論と実際　金子書房

津村俊充・山口真人［編］南山短期大学人間関係科［監修］（2005）．人間関係トレーニング―私を育てる教育への人間学的アプローチ　第 2 版　ナカニシヤ出版

柳原　光（2005）．体験学習本論　プレスタイム行動科学実践研究会

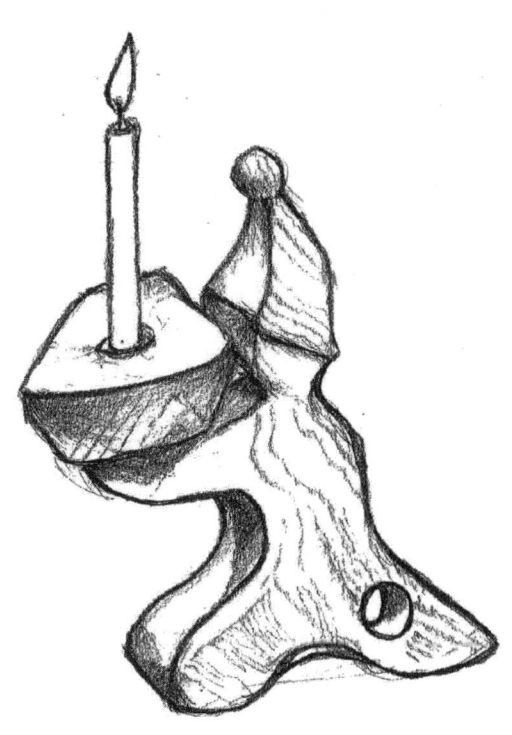

1 女性のライフステージと人間関係

　誰にも人生の中にいくつかのターニングポイントがあります。そんな時にいったい何を頼りに自分の行く道を決定しているのでしょうか。
　私は1970年代の終盤，世の中がバブル経済に向かう時に南山短期大学の授業でラボラトリー方式の体験学習に出会いました。しかし，私が大学を選択する時に考えたのは，自分の学力で入れそうか，入って楽しめそうかということで，ラボラトリー方式の体験学習を学びたいということで選んだ訳ではありませんでした。当時，「女性は短大で十分」という考えが主流で，実際，私の親も「女が4年制大学に行って余計な知恵をつけては困る」「婚期を逃してはいけない」と言って短大への進学を望んでいました。それに高校の担任の先生にも「きっと君に合っている」と勧められたので，具体的なことは何もわからないままにラボラトリー方式の体験学習を行っている人間関係科に進学したのです。ところが人間関係科でのさまざまな体験や学んだ理論，そして人との出会いは，私がその後の人生を歩んでいくうえでの大きな支えになりました。まさに私の人生において，大学進学を決定するあの時が最大のターニングポイントだったと思います。あの時，人間関係科を選択せずにいたら，今の私は存在しません。それに，今のように自分の人生を自分のものとして，納得できる生き方をすることができていたかは，はなはだ自信がありません。
　あなたにも，そのような人生のターニングポイントがありましたか。

　人は生まれてから死ぬまで，体験を通して多くのことを学んでいきます。箸の使い方，自転車の乗り方，水泳やスキーなど体得するものを中心に多くのことがあります。最近ではパソコンの使い方なども，実際にやってみないとわからないことの1つではないでしょうか。私などは1，2回やったぐらいではなかなか理解できずに四苦八苦しながら学んでいます。

　私たちが日常茶飯に行っている人とのつきあいは，まさに体験を通して身につけてきたものです。初めて会う人にどのようにあいさつするのか，関係を継続していくにはどのようにしていくのか。腹が立った時は，悲しい時は，相手とどのように過ごすのか。あなたが信頼できる人，あるいは一緒にいて不安を感じる人を，どのように判断しているのか。こういうことは人それぞれ違っていて，本などを読んだだけでは，参考にはなっても答えを得ることはできません。それはあなた自身が自分の体験を通して学び，身につけていくしかないのです。自分の体験をふりかえり，何が起こっていたのかを探り，なぜそうなったのか考えます。そのうえで，自分はそのことをどう受け止めていて，今後どうしていきたいのか，何ができるのかという可能性を見出していくのです。自分らしく納得のできる自分，つまり自己実現をめざして，小さなことでも試みを続けていくことから，自分らしい生き方や人間関係を築き上げていくのです。

　この後に続く各章には，皆さん自身が自分の体験から学んでいく時の，ヒントになればいいと思っていることがいくつか書かれています。同じ女性として，共に生きている人として，私たちを助けてくれたさまざまなことが，今度は皆さんの助けになればいいと思っています。

① 女性のライフステージ

　人は生きていく中でいくつかのステージを経験していきます。その各々については後の章に任せるとして，ここではさまざまなライフステージの

中で，どのような体験を経て何を身につけていくのかを簡単に見ていこうと思います。ここで言うライフステージは，私たちの体験をとおして想定したものです。だからこそ「ああ，私もあの時」と，自分の体験をふりかえりながら読んでいただけるのではないでしょうか。

❖ 子供として

　人が一番初めに出会うのは，親（養育者）です。多くの場合が，待ち望まれた存在として，両親に初めから受け入れられていきます。親は何もできない小さな存在を大切に扱い，手をかけ声をかけ，心配をして，愛情を注いで育ててくれるのです。ここで人は愛着という，人を信じる力を手に入れます。他者を信じて近寄っても大丈夫だと思い，また自分も愛される存在だと思うのです。この体験が，人と関係を結ぶ基本になっていきます。

　その後も，親との間で信頼に基づいた正直で遠慮のない関係が繰り返されていきます。子供たちは自由に発言し振る舞い，その中でどこまで言っていいのか，どこまでやっても大丈夫なのかを探っていきます。そして同時に，どういう時に人は喜ぶのか，あるいは気分を害すのかを体験していきます。これらの体験を通して，自分はどのようにしたいのか，どのようにできるのか，できないことが何なのか学んでいくのです。特に幼少期の親子関係の中で，安心して人との関係を試みることができることは，何ものにも代えがたい貴重な時間だと言えるでしょう。

❖ 思春期

　屈託なく伸び伸びと過ごした子供時代が終わりを告げる頃になると，体に変化が現れ，自分がどのようになっていくか不安を感じる思春期を迎えます。誰もが自分の変化に少なからず悩み，周囲の見る目が違ってきたことにも気づき始めます。まだよくわからない大人の世界に近づいていく，とらえどころのない不安や悩みに苛立ちながら，人との関係も複雑になったり難しくなったりします。自分のことをふりかえってみても，何であんなことが嫌だったんだろう，何であんなことにこだわって周囲を困らせていたんだろうということが，1つや2つは見つかるのではないでしょうか。

少し厄介な思春期ですが，人間関係の多くを学ばせてくれます。センシティブな者同士が関係をもっていくわけですから，手探りの関係を綱渡りのようにして過ごしていきます。悩んだり，心配したり，安心したり，不安になったり，傷ついたりしながら，本当に心を許せる仲間を見つけ，自分を思い相手を思いやる力をつけていくのです。些細な変化を見逃さず認めてくれる人たちに出会い，人の温かさを知り，同時に自分の力も信じられるようになること。そのような繰り返しが確かなものとして，人が人を育てていくことにつながっていきます。友人との関係の中で，戸惑ったり迷ったりしているのは自分だけじゃないことに気づくことも，自分一人で生きているのではないという実感をもたらしてくれるのかもしれません。

　誰もがこのような体験を通して，自分が何者であるのかを問い，自己概念を確立していくのです。思春期が何年なのかは個人差が大きく，その年月は違いますが，誰もが思春期という揺らぎを体験し，その揺らぎの1つひとつが人を育てるチャンスになっていくのです。また，その姿に寄り添っていてくれる人がいることも，人が育っていくのにはなくてはならないものでしょう。

❖ 社会人に（職業選択）

　次に大きな変化が訪れるのは社会に出る時でしょう。日本では，学生は特別に守られた環境にあり，多くの場合は親や社会の庇護のもとに生活しています。学生のうちは限られた年代の人たちとのかかわりが強く，世代の違う人や，自分の環境と違う人とかかわりをもつことは少ないと言えます。多くの人は，アルバイト先やボランティア活動などで，自分の周りにいる学生とは違う人たちとの出会いがあるくらいではないでしょうか。ですから，子供の時から続くごく限られた人たちとの関係に変化が生ずるのが，一人で社会に出ていく時なのです。

　私はいくつかの大学で授業を担当させてもらっていますが，3年生の終わりころになると，学生の髪が黒くなり黒のスーツ姿が多く見られるようになるのをよく経験します。いつものジーンズなどの姿とは違う，緊張した姿がそこにはあります。それまでは人の目を気にもせず，私などは少し目

のやり場に困るような服装も，ファッションだといって自己主張していた人たちが，相手がどのように自分を見るかに気を配り，社会での慣例に従って，ほとんどの人が同じ服装になってしまっても，黒髪でスーツ姿を受け入れていくのです。それはちょっと驚きでもありますが，大人としての社会性を身につけていく第一歩にも見えて微笑ましくもあります。

　服装の変化とともに，心理的にも大きな変化が起こります。それは職業を選択するうえで，自分がどのように生きていくのかを真剣に考えていくことが必要になるからです。自分にはどのような能力があり，それを活かせる仕事は何か，その仕事は自分がやりたい仕事なのか，仕事とプライベートの割合はどうなのか，一生の仕事として続けていきたいのかどうか，いろいろと思い悩み自問自答しながら決めていく姿がそこにはあります。就職活動のこの時期は思春期以来そんなに深く考えたことなどなかった自分自身について，真剣にまた長期的な視点で考えていくチャンスになる時なのです。

　いったん社会に出ると，学生時代とは違った毎日が訪れます。先輩たちが，いとも簡単にこなす仕事がなかなかできなかったり，良かれと思ってやったことが裏目に出たり，たまにうまくいったと思っても当たり前のこととして受け取られ，褒められることも少ない厳しい毎日を送ることもあるでしょう。自分に自信をなくしてしまうことや，自分のことを無能だと思う時もあるかもしれません。人間関係も利害が絡むようになりますから，人と関係を結んでいくのに，正直であればいいというようにはいかなくなります。相手を信じることで実ることも多いでしょうが，相手を信じることで傷つくこともあるでしょう。そういった毎日の中で，人と本音でつきあうことの大切さに気づいたり，逆に，人と距離をとることを学んでいったり，自分自身で決め，そのことに責任をもつことの意味を知ったりしながら，自分を育てていきます。そしてこのような営みは，人が命耐えるまで続いていくことなのでしょう。

❖　結婚（立場の変化，多様化）

　最近は適齢期ということばを聞かなくなりました。実際，結婚する年齢は幅広くなり，結婚をしないという選択をしても，周りからとやかく言われることは少なくなりました。私が結婚した頃は，女性はクリスマスケーキと言われ，25歳を過ぎると売れ残りであると囁かれたものです。私の母や叔母たちは，女性のお見合いの写真を見ながら「どっかいかんと思ったら25過ぎかねぇ」と平気で話していました。私は28歳で結婚したのですが，この時も後輩たちに「最後の砦が崩れた」「先輩の歳までには絶対に結婚する」と言われましたが，そう言っていた人の中に，40歳を過ぎても独身を続けている人は1人や2人ではありません。私とさほど歳の離れていない後輩たちがそうなのですから，どれほど急激に女性の生き方に対する考え方が，変わっていったのかがわかると思います。

　結婚しないのは特別な事情がある場合だけで，ほとんどの人が結婚して自分の家庭を築いていくものだと誰もが考えていた時代から，結婚するしないは本人の自由で人生の選択肢の1つとして考えられるように時代が変化していったのです。結婚観の変化は，少子化の問題と共に単身者の増加という社会状況を生みだしてもいますが，自己概念としても他者からの評価としても，結婚しているかしていないかが，その人の価値を決める1つの目安になることは少なくなったのではないでしょうか。

　そういった社会状況の中でも，結婚するということは，自分が選んだ伴侶と新しい生活をつくっていくということに変わりはありません。まったく別の人生を歩んできた2人が共同生活を始めるということは，つくりあげていく楽しさがあると同時に，互いに折り合っていく難しさもあります。それまで違う環境で生きてきたわけですから，長い間に身についた習慣はそう簡単には変えられるものではありません。何かする時に，2人に共通した当たり前のことだろうかという判断すらせずに，当たり前と思い込んで行動しているかもしれません。しかし，そのことが当たり前ではないパートナーにとっては，気になるものなのです。共に生活をしていくために互いの意見を聞き合い，納得できるような結論を出すことに，新婚生活の中で多くの時間を費やしていくことになるでしょう。最初は相手に遠慮して譲っていたことも，度重なればそうもいかなくなります。たった2人で

すが快適な空間を共有できるようになるのは，そんなにたやすいことではないことに気づいていくでしょう。

　また，結婚は自立の機会でもあります。特に女性は，結婚するまで親元で暮らしている人も少なくありません。それまでは経済的にも精神的にも，どこか親任せで生活していた人が，何もかも自分たちで選択し，決定していくことになるのです。笑い話のような話ですが，結婚を機に私はトイレットペーパーの選択や使い方まで変わりました。それまで，細々したことはいかに親に任せていたかを痛感したものです。自立には意思決定と責任が関係しています。どのような家庭を築きたいか，人生の目標は何かという大きなことから，毎日トイレットペーパーをどのように使うかというような細々としたことまで，さまざまな決定を自分でしていくわけです。そしてその決定に伴う結果には，すべて責任をもたなくてはいけません。トイレットペーパーにこだわるようですが，高品質のものを少し節約して使い素材の心地よさを味わうか，そこそこのものを充分に使い安心感を味わうか，もちろんその他の選択も含めて自分で決めていくのです。その結果，他の何かを節約することになっても，少々お尻が荒れても，そのことに自分が対処していくしかないのです。

　意思決定と責任ばかりに注目してしまいますが，自立のもう1つの大きな要素は自由だと思います。意思決定と責任と自由は大きく関係しています。自由だからこそ意思決定が必要ですし，責任ももたなくてはなりません。社会の秩序を守るために一定のルールがありますが，逆にそれさえ守っていれば，あとは自由に自分で決めてやっていくことができるのです。自分で決められるという，その自由さは親元にいる時よりも，ずっと広がっていくでしょう。

　このように結婚をするということは，一人前の大人になるための自分自身への意識変化をもたらし，同時に多くの自由も手に入れますが，意思決定をすることやその決定に責任をもつことも必要になります。もちろん，それはかけがえのないパートナーと一緒に考えやっていくことにほかなりません。

❖　**出産・育児：産む産まないの選択，親になること**

　結婚の次に訪れる大きな節目は，出産でしょうか。まずは子供が欲しいのかどうかを問われることになるでしょう。それは自問自答かもしれませんし，周囲の人たちから言われる「子供はまだ？」という問いかけかもしれません。結婚したら子供をもつものと最初から決まっていると思い込んでいる人もいるでしょう。

　子供をもつかもたないかは女性にとって人生の大きな選択です。もちろん男性にとってもそうなのですが，やはりお腹の中で10ヶ月近く育て大変な思いをして産むのは女性です。そのためには一時的であれ，それまで自分のやってきたことができなくなることも起きます。体型も変わり好みも変化する可能性がありますから，それを受け入れていかなくてはなりません。このように出産は，女性にとって肉体的にも精神的にも大きな不安が伴います。こういったことを乗り越えて，出産するという大きな決断を下すのは，パートナーとの相談はもちろん必要ですが，自分自身です。

　出産をすれば子育てが始まります。最近はイクメンと言って男性が育児にどんどん参画していくことも社会の関心事になりつつありますが，それでも育児における女性の役割は大きいものです。育児には休みがありませんし，終わりもすぐにはやってきません。結果もなかなかでません。自分の都合だけでやっていけることも少なく，周囲の，とりわけ子供の都合に振り回されることもしばしばです。私は子育てをして初めて，こんなに自分の思う通りにならないことがあると知りました。白黒つけずに曖昧なままを受け入れていかなければならないことも学びました。そういう状況の中でも，自分のやっていることは自分で決めたことだという自覚をもち，その結果にはある程度の責任ももたなければならないのです。

　どんなに手がかかり，自分の思うようにならなくても，子供は自分よりも大切な存在になっていきます。守ってやりたい大切な存在だと思えるものができた時，きっと自分の中に母性が育っていくのでしょう。母性がどのようなものであるかは定義することが難しいと思うのですが，自分の経験から語るとすれば，まず，許容範囲が大きくなることがあると思います。毎日めまぐるしく起こ

る多くのことや，初めて体験することに出会っているうちに「まあこれでいいか」とか「こんなこともあるかな」と思えるようになっていくのです。先の見通しを立てて，よく考え，一生懸命やったことが一瞬のうちに覆されていくことなど，子育てにおいてはよくあることだからです。2つ目は，自分のことのように感じる感性が育つことでしょうか。子供が怪我をしたり，何かに傷ついたり，何か不安になっている時など，本人以上に痛みを感じたり，落ち込んだりしてしまいます。「自分のことでもこんな気持ちにならなかったのに」と思ったことのある人は，私一人ではないと思います。この感性は自分の子供にだけ発生するものではありません。誰に対しても自分のことのように感じる力が育っていくのだと思います。3つ目は臨機応変ということです。子供はさまざまな事件を起こしてくれます。その時々に合わせて動くことが，母親には求められるのです。小さい頃は，予定のある日に限って熱を出す子供を横目に予定を変更せざるをえなくなったり，そのために迷惑を掛けないようにさまざまな手配をした経験のある人も少なくないと思います。子供が大きくなってからでも「急にこれがいる」，「明日は○○だった」などの突然のリクエストに対応することも数に限りがありません。このようにその時々の状況の中で，何ができるのかを考え行動する力は，日々の子育ての中で自然に身についていくものだと考えられないでしょうか。

　子育ての中で，子供が発する細かなサインに気づいていくことは，とても大切なことです。親はいつも子供が出すサインに気づこうと努力します。「ただいま」という声，食事のとり方，自分を見る表情などから，子供の状態をキャッチしようといつもアンテナを張っています。人間関係を考える時に最もヒントになるのは，自分の心の変化と周囲からの反応だと思います。そのどちらも子育てを通して，日々育てていくことができているのだと思います。子供を育てているようですが，親もまた子供によって育てられているのです。

✤ 子離れ

　子育ての話のすぐ後で恐縮ですが，子離れの時は必ずやってきます。その時がいつやってくるのかは人それぞれですが，自分が親から離れたように，子供もまた離れていくのです。その時，親はどのように感じるのでしょうか？ ホッとする人，嬉しい人，寂しい人，場合よっては怒りを感じる人もいるかもしれません。その時どのように感じるかは，ひょっとしたらそれまでの関係を表わしているのかもしれません。私もそろそろ子離れの時期を迎えています。子離れが私に何を教えてくれるかを楽しみに，そしてちょっぴり寂しさも抱きつつ毎日を過ごしています。子供たちの方は，もうすっかり親離れした気になっているかもしれません。

　私は子離れで難しいのは，認めること，信じること，手放すことが難しいからではないかと思っています。経験者の方からは，もっといろいろあるとご指摘を受けそうですが，今はこの三点に絞ってお話ししていきたいと思います。

　私は親バカなので，自分の子供をなかなかよく出来ていると認めています。正確に言えば，一般社会的に言ってどうかはわかりませんが，自分の子供としては上出来だと思っているということです。だったら社会に出しても大丈夫（すでに1人は社会人ですが）と思っているかというと，そうではありません。一人前の人間としてちゃんとやっているとは，なかなか認められずにいます。あいさつはしているだろうか，将来を考えて貯金はしているだろうか，仕事でミスはしていないだろうかなど，子供が聞いたら即座に「ちゃんとやっているわ!!」と返ってきそうなことを心配しています。これでは認めているとはとても言えません。むしろ20歳も過ぎているのに小学生扱いです。しかし一方で，子供たちが親に見せている姿と，他人に見せている姿は違うのだから大丈夫と思ったりもしています。この後者の思いを育てていくことが，子離れにつながっていくのではないかと考えています。親の子に対する心配はいつまでたってもきりがありません。心配はあるけれどきっと大丈夫と，認めてやる気持ちが必要なのでしょう。

　信じることも認めることに似ているかもしれません。これもまた大丈夫と信じてやることだからです。私は多くの学生に接する機会をもっています。そこで出会う学生から，親にしっかり信じら

れている若者が，いかに人として強くあれるかを教えてもらっています。温かい家庭で充分な愛情を受けて育っているかは，何となくとしか言えませんが，わかるものなのです。そしてそういった学生が，人の中で自分の力を発揮し活躍する姿をよく見ます。時には，「彼らがいれば日本の将来は大丈夫」とさえ思わせてくれる子もいます。A.H. マズローの欲求の5段階（2章22，23頁参照）で言われているように，信じてもらえるという承認欲求が満たされるからこそ自己実現に向かえるのかもしれません。信じられるということは，それほどまでに人に力を与えてくれるのです。子供を一人前の社会人として受けとめ，子離れがしたいのならば，信じることが一番の近道なのかもしれません。

　最後は手放すこと。子供は親にとって，長年手塩にかけて育てたかけがえのない宝物と言える存在です。誰でも自分の大切な宝物を手放すのは容易なことではありません。つい，抱え込みたくなるものです。抱え込んでいては離れることができませんから，当然子離れはできないわけです。これはファシリテーションにちょっと似ていると思っています。ファシリテーションも時には少し離れたところから俯瞰する目が必要です。直接手を差し伸べるのではなく，少し離れたところから見る視点をもって見ていくと，新しい発見があったり，物事をよく理解することができて，その人自身が学んでいくように働きかけをすることができるのです。

　このように子離れもまた，私たちに多くの気づきをもたらしてくれるでしょう。

❖　熟年期から晩年へ：親の介護，別れ，一人で生きる

　子育てを終え，ある程度の子離れもする頃には働き盛りと言われた年齢も過ぎて，熟年期に入ります。この言葉は1970年代から使われだしたようです。人生が長くなり，高齢者と呼ぶには早いと思われる人たちが増えて生まれてきた言葉でしょう。高齢者を前期と後期に分けた呼び方もあるようですから，前期高齢者と言ってもいいのかもしれません。

　この頃になると，多くの人に時間の余裕が生まれてきます。仕事を退職したり，家族が減ったりするからです。案外長いこの時期をどう生きるかにも，いろいろな課題があるように思います。最後のステージの熟年期から晩年について考えてみます。

　熟年がいつからかをはっきり線引きするのは他の場合と同じように難しいことですが，私はすでにその入り口にいるのかなぁと思っています。その私の周りで最近増えている話題は，親の介護の話です。わが家も夫の母は90歳を，私の両親が80歳を過ぎていますから，当然介護の問題はあります。同居ではないので毎日直接何かをしなければならないということはないのですが，何かと気に掛けなければならないことはあります。

　先日も父が遅くまで帰ってこないことを心配した母から「どうしよう」と連絡があり，仕事中に対応をしなければならないことが起こりました。父には軽い認知症の症状があり，母もかなり心配しながら一人で時間を過ごした後だったのでしょうが，こちらの状況はお構いなく自分の思いをぶつけてきます。「昔はもっと相手の状況を配慮できる人だったのにな」と思いつつ，少しでも不安が軽減するように対応し，同時にそろそろ仕事を終える夫に連絡し，母の所に行ってもらうように頼みました。その時は，親子の立場が逆転していました。いつもはさほど気も使わず言いたいことを言い合う仲なのですが，この時は母の不安を受け止めることを一番に考え，自分のことは二の次にして母の問いに優しく答えることにしました。ちょっと寂しくもあり，親から自分が完全に大人だと認められたような思いもあり，複雑な気持ちになりました。ほどなく父は家に帰り，事なきを得たのですが，私と両親との今の関係を明確にした出来事でした。

　介護と言うと大変なイメージがありますが，あなたは一人で頑張ってしまうということはありませんか。親の面倒を子供がみるのは当たり前だとか，長子なんだからという義務感からやらねばならないと思い込んでしまい，自分の言動を縛ってしまったりはしていませんか。介護は大変な仕事ですし，いつまで続くかわからないことです。当然一人で頑張るには限界があります。こういった時にどのように周囲の人たちに助けてほしいと伝えられるかが，介護者にとっても被介護者にとっ

ても大きな鍵になります。どちらも健やかでいるためには無理は禁物で余裕が必要です。自分の思いにとらわれることなく，必要な時には「助けてください」と素直に言えることが助けになるでしょう。同時に，被介護者と自分の関係がどのようであるか，自分はどのような気持ちでどのような状況にいるかに気づくことも必要でしょう。

この時期は，親の介護の他に自分の変化を受け入れていくことも大きなテーマになるでしょう。ものが見えにくい，すぐに名前が思い出せない，思ったように走れないなどを実感していくことになります。調子が悪くて医者に行き，「加齢によるものですね」などと言われてしまったりします。良い方への変化は受け入れやすいのですが，認めたくないことを受け入れていくのには抵抗があります。「そんなはずじゃない」「今日はたまたま調子が悪いだけだ」と思い込もうとします。もしくは過剰に受け止め「もう自分はダメだ」と思ったりします。近年，高齢者の自殺が増加していますが，原因の1つはそういった失望感によるものかもしれません。

そういう時こそ，どのような自分であっても変わらず愛してくれる家族や仲間の存在は欠かせません。誰かに必要とされている存在だと感じられることが，自分自身の存在価値を認めさせてくれるからです。また，同じような状況にある友人は，一緒であるということで安心感を与えてくれます。自分の変化をそのような友人と共に過ごすことで，人間の営みの自然なこととして受け入れていきたいものです。

人は生きている限り人間関係に悩まされたりしますが，自分を助けてくれるのもまた人との関係なのだと思います。

② 女性が人間関係から得られるもの

コミュニケーションのトレーニングの中にアサーショントレーニングというものがあります。アサーションとは「主張する」という意味ですが，このトレーニングが生まれた背景には，アメリカの人種差別運動やウーマンリブ運動があります。要するに社会的弱者が正当に自分たちの声を，社会に届けていくことができることをめざしたものなのです。このことからもわかるように，少し前まで女性は正当に声を上げることもできない弱い存在と考えられていたのです。

ロンドンオリンピックで女性が大活躍したように，今の日本では女性の存在は変わってきています。私は，いろいろな場所で研修をさせていただいていますが，はっきりものを言うのは男性よりも女性の方が多くなっているように感じます。どうも男性には構えがあり，「こんなことを言っては迷惑なのでは……」「とるに足らないことだから」とか「間違っているとみっともないから」など，自由に発言や質問することを躊躇することがあるようです。その点，女性の方がそのようなことへの抵抗が少なく，そのぶん発言なども自由で活発にできているように思います。また，女性は集団でいることを好む人が多く，そのため人との接触の機会が多くなります。仲間とワイワイ楽しく一緒にいるのには，どのようなことが必要であるか，そのためにどのように振る舞わなくてはならないかを，子供の時から自然に学んできているのです。その場の雰囲気を察知したり，自分の気持ちや相手の気持ちに気づくことも男性よりも敏感なように思います。「なかなか私の気持ちをわかってくれない」という台詞は，女性からはよく聞きますが，男性からはあまり聞くことがありません。そういう女性からの「私の気持ちを理解してほしい」という問いかけに対して，よくある男性の答えは「言わなくてもわかっているだろう」というものです。これは相手の気持ちをわかったうえでの発言なわけですが，それ以前に男性は女性の気持ちをわかりたいと思っているのかという点を，女性は疑っているのではないでしょうか。一般的に男性は事柄が進んでいれば，気持ちなどは意識しなくても大丈夫だと，思っているのではないかなどと私は考えてしまいます。

序章に述べたとおり，何が起こっているかをキャッチする時の視点が2つあります。話題や仕事といった起こっている事柄を見る視点と，互いの気持ちやコミュニケーションのとり方，物事をどのように決めているかなど，その時に人と人との関係の中で起こっていることをとらえる視点です。1つ目の視点をコンテント，2つ目の視点をプロセスと言います。私たちは日常やらなければ

ならないこと，すなわちコンテントに追われていて，どうしても意識がそちらに向いてしまいます。もちろん，そうでないといろいろなことが滞ってしまい，大変困ったことになるわけですから当たり前です。日常が何事もなく進んでいればいいのですが，少し困ったこと，たとえばどうも自分の言うことがうまく相手に伝わらないとか，自分が無理をしていて余裕がなく強い言い方をしてしまうとかが起こると，どうすればいいのかわからなくなります。こういうことはコンテントだけを見ていてもなかなか解決することができません。前にも書きましたが，起こっている事柄をふりかえり，どうしてこのようなことが起こっているのかを考えることが必要になります。これがプロセスに目を向けるということです。相手に話す時どこを見ているか？わかりやすいことばを使っているか？相手は話を聞ける状態にあるか？お互いに思い込みで話したり，聴いたりしていないか？などなど，プロセスには少し意識を向けると関係を整理するヒントになることがいっぱい隠れています。なかでも自分の気持ちの変化をとらえることは，お互いの関係を知るうえで，大きなヒントになるものなのです。女性はその点，自分の気持ちには敏感で，プロセスに目を向けやすいように思います。ですからちょっと意識すれば，関係を変えられる力をもっているとも言えるのです。

　また，女性は優しくありたい，人のことを助けたいという意識が高いという特徴があるように思います。これも母性の1つなのかもしれません。そのために相手の様子をよく気にします。相手にどう思われているのか，何か私にできることはないかなどを考えているわけです。たとえば，人が集まって話し出したらお茶を出す。汗をかいている人がいたらタオルを差し出す。こういったように周囲の状況に合わせて心配りをすることが，日本では古くから女性に求められてきたことであり，女性の中に無意識のうちに組み込まれているように思います。最近はそういった能力を発揮する女性が少なくなったと言われたりもしますが，「女子力」などという言葉が生まれてくるぐらいですから，まだまだ女性の大きな要素の1つなのでしょう。そしてこの点でも，女性は人間関係に力を発揮できると考えられるのです。人にかかわる

時には，「今ここ」で何が起こっているかを，コンテントとプロセスの両方の視点からとらえる必要があります。また，状況により自分の立場や役割も変わりますから，その時，その場で自分がどう存在できるかを考えて動く，環境に適応した能力が必要になります。女性はその力を生まれながらに組み込まれているようなものですから，こんなに心強いことはありません。何も大層なことをする必要はないのです。自分が気づいたちょっとしたことを行動に移すだけで，その場の状況や雰囲気は変わっていくのです。何気ない，相手は忘れてしまっているような行為が，自分にとってはとても助けになったという経験をもっている人も多いのではないでしょうか。そしてあなたもまた，誰かの心に残る一人になっているかもしれないのです。

　女性はまた自分自身が表の顔にならない多くの立場をもっていることがあります。○○さんちのお嬢さん，○○さんの奥さん（この言い方が気になる人もいるでしょうね），○○ちゃんのお母さん，○○さんの秘書とかアシスタントとかです。こういった場合の多くは，自分の前面に必ず○○さんがいて，その人の存在を意識して自分が動いています。「私が本当に言いたいことは……だけど，そんなことを言ったら○○さんがどう思われるかわからないから黙っていよう」などと考えているわけです。こんなことばかりが続くと，「私はいったい何なの？」「本当の私はどこにいるの？」などと思ってしまうこともあります。ですが本当にそうなのでしょうか。あることを行う時に，自分の立場だけからでなく，そこにかかわるさまざまな人の立場から物事を考えられるのは，決して悪いことではありません。私はこんな風に思うけど，親だったら，夫だったら，子供だったら，上司だったらと考えることで，新たな発見があったり，自分に固執してしまいそうなところを弱めてくれたりすることも多いのではないでしょうか。そして，決して忘れてはいけないのは，最終的にそう決めているのは自分自身だということです。誰のことを考えて決めたとしても，それはあなたがその人を大事にしたかったからです。あなたが自分の思いよりも，あなたが考えた○○さんの立場などを優先することを選択したというこ

となのです。この自覚をもっていることが大事なことです。ですが，本来の自分の思いを変えてしまったり，取り下げてしまう必要もありません。それは大事にもっていればいいのです。いつかその思いを伝えられる時があるかもしれません。自分の思いもちゃんともっていて，○○さんのことを大事に思い守りたいあなたが，そこに存在していれば「本当の私はどこにいるの？」とはならないのではないでしょうか。

先ほども述べたように，女性は何足もの草鞋（わらじ）を履いていることがあります。個人としての私の他に，妻，母，子，仕事をもつ人，PTAなど地域住民としてなどさまざまです。男性もまたいくつもの草鞋を履いているのですが，なぜかメインは黒の革靴（仕事人）と決められているように思うのです。女性は仕事をしているからといって，まだまだ他のことはすべて後ろ回しにしていいとは認められていないように思います。最近はかなり軽減されたとはいえ夫の世話，子供の世話や躾，年老いた両親の世話などは，多くの女性の肩にずっしりと乗っかっています。私もかなり忙しく仕事をしており，夫も協力的ではありますが，仕事から帰って食事の支度をするのは主に私です。早く仕事に出なければならない時は，前の晩から洗濯をしたりゴミの始末をしたり，遅くなる時には朝から夕食をつくり，家人が帰ったら食べられるようにしたりしていきます。今は子供が大きくなったのでそれほどでもありませんが，数年前までは予定を決める時も子供の予定をできるだけ優先していました。こんなふうに女性は自分のしたいことやしていることを自分の思いだけでは決められず，たとえ自分のやりたいことをしていたとしても，その他のことを顧みず邁進するというわけにはなかなかいかないのです。もちろん，ずば抜けて才能があって日本の代表として活躍できるとか，莫大なお金が稼げるというような人なら話は別かもしれませんが。人生のいくつかの岐路でその先を考える時には，女性はいつもこのこ

●ミニレクチャー　ベックハードのGRPIモデル

人が他者と共にグループになって何かをつくり出したり行動する時に，そのグループとして，互いの関係性を深め生産性を上げていくには，何をどのようにして取り組んだらよいのかの指針になるモデルです。特に結果を重視するようなグループのことを，チームと呼ぶことがあります。このGRPIモデルは，そのチームづくり（チームビルディング）のモデルとも言えます。図1-1を参考に見てください。このモデルは，4つの次元に分けられており，図の上から下に取り組んでいく必要があると考えられています。

まず始めに考えられる次元は，チーム活動の「目標　Goals」です。

どのようなことを目指すのか，何を行うのか，どのような結果を出したいか，いつまでにやりたいかなど，目標とビジョンをはっきりさせ，チームメンバーがそれを共有していることが大切なのです。この「目標」がメンバー間で知られていなかったりバラバラである場合や，知ってはいるけれども自分のものとして納得できていない（やる気にならないということもあるかもしれません）という場合は，チームとしてのモチベーションが上がらなかったり，1つにまとまることができないという状況が起きてきます。1つのチームとして活動していくためには，「目標」を明確にしておかないと思うような成果が上げられないばかりではなく，チームとして動き出すことも難しくなると言えるでしょう。

2つ目の次元は，メンバーそれぞれの「役割　Roles」です。

チームの中で，目標を達成するために，どのような仕事がどのくらいあるのかを考えていく必要があります。そして，それらの仕事を誰がするのが最もふさわしいかを考え，それぞれのメンバーに割り振

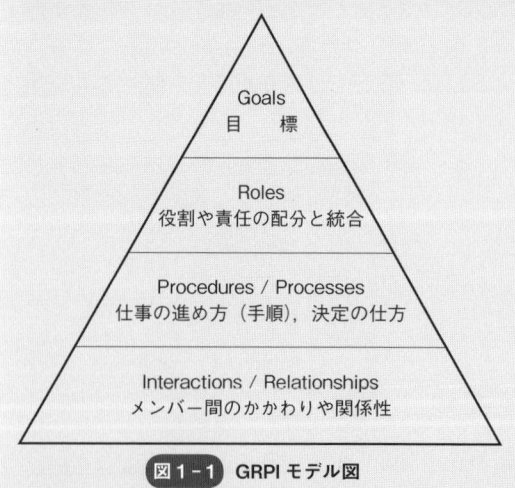

図1-1　GRPIモデル図

とで悩んだり困ったりします。就職の時には，この仕事は結婚後も続けられるか，子供を産んでも大丈夫か。結婚の時，相手は自分の仕事をどのくらい理解してくれるのだろうか，どのくらい家事分担をしてくれるのだろうか，子供はいつ頃何人ぐらい欲しいのか，育児はどの程度手伝ってくれるのだろうか。子供ができたらもっと複雑なことが起きます。どんなに予定どおりに準備を整えていても，子供はそのとおりには動きません。病気も怪我もします。時にはトラブルに巻き込まれて，親子ともどもあたふたすることだってあります。やっと子供が大きくなって落ち着いてきても，次は歳をとってきた親が体調を崩しでもしたら放っておくわけにもいかず，またまた自分の時間を割いて動くことになります。このことを引き受けていくことは，女性にとっては大きな試練だと思います。自分の時間と家族のための時間をどう配分していくか，自分の目標を実現するために，どう周囲と調整していくのか。自分自身の人生を納得できるものにしていくために，出来事を整理したり，気持ちを整理することが必要になります。

組織開発の学者R.ベックハードの"GRPI"モデルという考え方があります。これはチームなどが発達していくのにどのような要因が必要であるのかということを教えているのですが，私はこの考え方は女性が自分自身を考えていくのにも役立つものではないかと思います。ピラミッド型に表わされた彼のモデルは，一番下がInteractions: 相互関係，二番目がProcedures: 手順，三番目がRoles: 役割，そして一番上がGoals: 目標となっています。目標を明確にし，そのためにどのような役割を果たしていかなければならないかを考え，手順を決めたり使える道具や手段を整え，最後には周りとの関係を活かしていくということです。本来はチームを考えていく時に参考にしている理論ですが，こんなふうに考えていくと日常の女性としての働きも少し整理して考えられるのではないでしょうか。うまくいかない時は，どこが機能

り，機能させていくことが必要になります。また，それを統括していく人の存在も必要でしょう。そうした「役割」にかかわることを明確にし，互いに共有することで，誰か一人に負担が掛かったり，誰も責任をもたない部分ができてしまうことを防ぐことができます。また，分担により統合が難しくなったり，一緒にやっている感覚が薄くなるという問題も起こりにくくしてくれます。こうしたことにより，万が一問題が起きた場合にも，誰に責任があるかを問うことに重点を置くのではなく，チームのメンバーが相互に補い合い問題に向かうことのできる強さと柔軟性を生みだしてくれます。

3つ目の次元は，どのように進めていくのかという「仕事の手順　Procedures」です。

チームが目標に向かって，どのように仕事を進めていくのか考えておくことは，その後のチームの活動を助けてくれます。考えられている手順が適切であるか，手順をメンバー誰もが知っているか，了解できているか。手順の決定は誰がどのようにしており，そのことをメンバーは納得しているか。進めていくなかで必要な場合には，どのようにミーティングなどを行うのかなどのルールはあるのか。一概に「手順」と言っても多くのことが含まれているのです。このような仕事の進め方に関する多くのことが，チームメンバーに納得し，共有されているとチームの活動はスムーズに進みます。また，そこで働くメンバーたちにとっても，積極的にかかわることのできる場になり，互いに楽しくやっていこうという雰囲気づくりにもつながっていくでしょう。

4つ目の次元は，人と人との間に起こる「関係性　Interactions」です。

関係性とは，メンバーのコミュニケーションなど，対人関係に関するものです。チームがうまくいっていない時には，この次元に問題があることも多いのですが，ここを直接とりあげて解決していくことはなかなか難しいとも言えます。ここに問題が起こっている要因を探っていくと，上の3つの次元にも問題があることが多くあります。しかしまた，3つの次元をメンバーが共有化したり了解したりしていくためには，そこにいるメンバーが充分な関係をもっていることが必要不可欠なことなのです。人が集まっている場では，その人たちの間でどのような関係が築けているかが，チームのあり様の多くのことに影響を与えているのです。

このようにGRPIモデルは，チームづくりの視点として，また，チームで起こっている問題点を見出す視点として，有効なものだと言えるでしょう。

していないのか，何を忘れているのかなど考えてみてはいかがでしょうか。そして，そのことは知らず知らずのうちに，グループやチームに働きかける力を養っていることにもなるのです。

さて，このように日常生活をこなしているだけでも多くの力を育てているのが女性ですが，そのことを認められることはまだまだ少ないかもしれません。日本の企業では女性社長は全体の1割ほどだとも言われていますし，アメリカの女性大統領はまだ1人も生まれていません。イギリスで女性初の首相になったサッチャーさんには，「鉄の女」などという女性にとっては褒め言葉なのかどうかわからないような別名が与えられていました。イギリスのエリザベス女王のように女性が一国のトップに立つことは，欧米諸国にとっても特別なことなのでしょう。どこかのトップになるということではないにしても，朝早くから朝食をつくり，家族を見送って自身は誰にも見送られず仕事に行き，仕事中は人に迷惑を掛けないように自分の仕事をきっちり行い，残業にならないように頑張り，急いで帰宅して家族が困らないように休む間もなくまた家事に追われる毎日を，多くの女性が送っています。でも，そのことを家族から称賛されたりするわけでもありませんし，会社から特別ボーナスが出たりするわけでもありません。ごく当たり前のこととして受け取られ，その過程で女性たちがどのような気持ちを抱き，どのような思いをして過ごしているかに目を向けられることは稀なことです。2章でも述べられているA. H. マズローの欲求の階層説をご存知でしょうか。人間には基本的な欲求が5つあり，それが5つの階層になっているというもので，下位の階層の欲求が満たされないと上位の欲求に行くことができないというものです。それを低次から述べると1. 生理的欲求（Physiological needs），2. 安全の欲求（Safety needs），3. 所属と愛の欲求（Social needs / Love and belonging），4. 承認（尊重）の欲求（Esteem），5. 自己実現の欲求（Self-actualization）となります。ここで言うところの自分のやっていることを正当に認められていないということは，承認の欲求が満たされていないということですから，自分が自分のなりえるものでいたいという自己実現の欲求へは進んでい

けないことになります。これはちょっと寂しいことだと思います。では，どうすればいいのでしょうか。私は小さな喜びを見つけることだと思っています。手前味噌ですが，私の例をちょっと書いてみます。私には息子が2人いて，ずっと野球を熱心にやってきました。皆さんご存知のとおり高校野球では夏の甲子園に出場することが目標で，それに向けて2年半の毎日，多くの時間を野球に注いでいくのです。当然，親もそれに巻き込まれていくわけで，私も3つ違いの息子たちが高校で野球をやっていた5年半の間，正月の3日間を除き朝5時起きをしていました。食事も驚くほどの量をつくっていましたし，洗濯物に至っては洗濯機に申し訳がないような日々でした。週末は練習試合の応援や手伝いに出向くなど，本当に忙しい毎日を送っていました。もちろんわが家の息子たちが心の中でどう思っていたかはわかりませんが，日常の中で特に感謝の言葉をかけてくれるわけでもなく，自分の欲求はこちらにはお構いなく伝えてきていました。私はどのようにしていたかというと，時には投げ出したくなることもありましたが，時々彼らが自分の能力を十分に発揮して活躍している姿と納得した顔を見て，私自身がとても嬉しかったですし，この子たちを支えている一部は私なんだと思っていたわけです。要するに彼らが承認されることがイコール，私が承認されることになっていたわけです。今思うと二度とやりたくないと思う毎日も，充実した自己実現に向かう毎日だったと思えます。認められていると感じるのは自分自身です。たとえそれが些細なものでも見逃さず，私は周囲にかけがえのない存在だと思われていると思うことです。あなたの周りで安心して毎日を送っている人がいることが，あなたが認められていることだという証拠と言えるのではないでしょうか。

③ 自分らしく生きるには

②では女性の特性を人間関係にどのように生かすことができるのかを述べてきました。また，そのなかで女性自身が得られるものについてもお伝えしてきました。どうでしょう，納得できましたでしょうか。

私は元来呑気なので，何事も「まあこんなものか」と思ってしまうところがあります。でもこの性格に助けられているところが多いのも事実です。気にしていてはとても大変なことも，「しょうがないか」とか，「まあ何とかなるだろう」と思っているうちに，誰かが助けてくれたり，状況が変わっていって気にならなくなったりするからです。他力本願な感じもしますが，これほど自分の能力を活かしていることはないとも思います。要するに，ものは考えようなのです。こうでなければ私らしくないとか，こうでなければいつもと違うとかに縛られてしまうと，自分に余裕がなくなり，考え方に幅をもたせることができなくなります。どんどん自分を追いつめていってしまいます。その時その時に身を任せてみることで，新たなことが起こるかもしれないという可能性に賭けてみるのです。

　マズローの言うとおり，人は死ぬまで自己実現をめざして生きているのだと思います。自己実現に限りはなく，1つ達成されてもまた1つと，次々とありたい自分が生まれてくるのだと思います。だからこそ今の自分がどうであるのか，昨日までの自分と違う自分に気づき，どのような自分になりたいのかを変化の中でとらえていくことが，自分らしく生きるということだと思います。そのために「今，ここ」を生きるのです。

　お笑い芸人の松本人志さんがCMで言っていましたが，「自分探し自分探しって言っているけど，いくら追っかけても自分の背中なんて見えへん」のです。それよりもその時々の人との関係の中で，相手を鏡にして自分を見ることです。自分一人では見えなかったものが，相手を通して見えてくるのです。そして相手との関係も生まれてくるのです。序章で紹介した「ジョハリの窓－対人関係における気づきのグラフ式モデル－」を思い出してください。自分では気づけない"盲点"の部分が必ずあるのです。また，自分でも他人でも気づけない"未知"の部分も，あなたのまだ気づけていない可能性として残されているのです。今ここで起こっていることをふりかえり，プロセスに目を向け，相手から自分では気づけない部分を伝えてもらうフィードバックをもらい，ありたい自分に向かって何をしていくのか考えていくのです。何も難しいことを言っているのではありません。自分の気持ちに蓋をすることなく素直に受け止め，そこで気づいたことに意識を向けるのです。相手に関心をもち，相手が伝えてくれるメッセージに耳を傾けるのです。できていること，できなかったことをそのまま認めていくのです。自分がどうありたいかを自分に問い，それに向かって今の自分は何ができるのか，何がしたいのかを探っていくのです。そして最後に，また一歩前に向かって進んでいくのです。その毎日が，もっとも自分らしい生き方になるのではないでしょうか。

　2章以降では，それぞれの章で著者を変えて，さらに詳しく女性の生き方を中心において，人間関係について学べることを，身近なこととして分かりやすくお伝えしていきます。

文　献

浦上昌則・神谷俊次・中村和彦［編］(2008). 心理学 第2版　ナカニシヤ出版

津村俊充・山口真人［編］南山短期大学人間関係科［監修］(2005). 人間関係トレーニング―私を育てる教育への人間学的アプローチ 第2版　ナカニシヤ出版

中村和彦・塩見康史・髙木　穣 (2010). 職場における協働の創生―その理論と実践　人間関係研究, 9, 1-34.

Noolan, J. A. C. (2005). Beckhard's GRPI Model. Unpublished workbook for the training program of "Diagnosing Organizations with Impact", September 2005 (at Toronto, Canada). Alexandria, VA: NTL Institute.

Backhard, R. (1972). Optimizing teambuilding efforts. *Journal of Contemporary Business*, 1, 23-32.

Burke, W. W. (1982). *Organization development: Principles and practices.* Boston, MA: Little Brown & Company. (バーク, W. W.／小林　薫［監訳］／吉田哲子［訳］(1987). ［組織開発］教科書―その理念と実践　プレジデント社)

Astilbe Erica

2 価値観を問われる時

「あなたの価値観は何ですか？」とたずねられたらどう答えますか？
　すぐに「私の価値観は，○○というものです」と答えられる人は少ないかもしれません。自分の価値観を一言で言い表わすのは難しいものだと思います。簡単に言うと，価値観とは自分の判断や言動の基準になっているものです。ですから自分の根幹にあたるような強く揺るがないものから，ものの好き嫌いや，何を優先して考えるかなどのように，自分の経験や状況によって多少なりとも変化していくものまで，多くの価値観をもっていると考えられます。人との関係に価値観は大きな影響を及ぼすものですから，自分の価値観がどのようなものであるかを知っていることが，人間関係においては必要なことと言えます。
　「付き合う」という言葉は，動物が角を突き合わせて互いの強さなどを探り，群れのリーダーを決めている様子を表わしたことから発しているようです。人には角はありませんが，自分の価値観を互いに突き合わせることが，人と付き合うということなのかもしれません。
　この章では，価値観がどのようなものであり，どのようにつくられたり，変化していくのかをお伝えしていきます。また，人との関係において価値観がどのように影響しているか，人との関係がそれぞれの人の価値観にどのような影響を与えているのかなどもお伝えしていきます。

① 私たちの価値観ってどういうもの？

　私たちの何気ない日常の行動にも，自分の価値観は影響を与えているのものです。平日の朝目覚めた時に，自分がどう動くかに戸惑う人は少ないと思います。それは私たちが特別なことがなければ毎日，社会人なら職場に行く，学生なら学校に行くのが当たり前という価値観をもっているからです。ですから起きたら身支度をして朝食をとり，所定の時間に家から出掛けることを迷うことなくすることができるのです。もし，その価値観が揺らいだら，目覚めた時に「私は何がしたいのだろう」「起きている時間の中で何ができるのだろう」と毎日悩まなくてはなりません。これは大変なことだと思います。
　「価値観」をウィキペディアで見ると，「何が大事で何が大事でないかという判断，ものごとの優先順位づけ，ものごとの重み付けの体系のこと」と出ています。広辞苑には「個人もしくは集団が世界の中の事象に対して下す価値判断の総体」と書かれています。簡単に言えば，価値観とは私たちの物事の判断や，言動の基準になっているものだと言えるでしょう。ですから，私たちは価値観をもっているから，毎日出会うさまざまなことに惑うことなく行動することができていると考えられます。
　では，私たちは生まれた時から価値観をもって生まれてくるのでしょうか？　おそらくそれは違っていると思います。価値観はその人の体験からつくられていくものと考えられています。生まれた直後から人は個別の体験をしていきます。始めは親が何を褒めて，何を叱るのかという子供への接し方が価値観の基礎になっていきます。子どもは親の価値観に大きな影響を受けるものなのです。しかし，大きくなって学校に行くようになり，いろいろな人に接していくようになると，親の言っていることがすべてではないことに気づきます。親には褒められたことのないことを先生に褒められたり，親にはやるのが当たり前と言われていたことをやらない子がいたり，状況の変化に伴って親の言うとおりにはできなくなったり，反対に案外簡単にできるようになったりということを体験します。そういった体験の中で，それぞれの価値観に変化が起きていきます。そして世界が広がり多くの体験をすることによって，その人独自の価値観がつくられていくのです。
　もちろん大人になっても体験によって価値観は

変化していきます。就職，結婚，子育て，役職，大切な人との別れなどの大きな体験は，自分の価値観を揺るがすものになるでしょう。東日本大震災の折には，被災者の方はもちろんのこと，直接被害に遭わなかった人も，自らの生き方を考える体験になったのではないでしょうか。あの時，被災された方を援助することは誰もが考えたことだと思います。いち早く現地に行き救援活動を行った人，現地には行かなくても遠方支援として募金活動をしたり支援物資を送った人，自分の日常生活の中で細やかなことでも支援ということに意識を向けて生活をした人。自分が何をするのかという選択は，まさに自分の価値観を問うことになったと思います。当時，結婚率が上昇したことが話題になりましたが，どのように生きたいかを考えた時，自分にとって大切な人と過ごす時間の価値が，最も高いと考える人が多かった結果の表われだったのだと思います。

　もう少し日常的な例を考えてみましょう。最近の若者は車への憧れやこだわりが少なくなったと言われていますが，私の周りには車に対してこだわりをもった人が少なくありません。人一倍体の大きな人が，本当に小さなミニクーパーに乗っていたり，操作が多く運転が難しくてもミッションの車を購入したり，ローンを組んででも価格の高い外車に乗ったりしている人がいます。それぞれこだわり方は違うのですが，いずれも私にはちょっと理解しにくい感じがあります。と言うのも，私にとって車は移動の道具という意味あいが強く，故障せずに快適に運転できるものであれば充分という感覚があるからです。これら車の選択に関する考え方も，その人の価値観の1つの表われだと言えます。車はその車のもつ特徴を楽しむものだとか，自分の運転技術を充分に反映した走りを感じさせてくれるものがいいとか，1つのステータスだから最高のものを持ちたいとか，何を大事に考えているかが選んだ車に表われているのではないでしょうか。あるいは，自家用車は維持費がかかるから，レンタカーやタクシーで充分と言う人もいるでしょう。

　自分の価値観を知っていることは，人間関係においても大切なことです。私たちは，人とかかわる時にも自分の価値観に大きく影響されているからです。こういう風貌の人は危険な人だ。この職業についている人は優しいに違いない。今はこの程度のおつきあいにしておこう。これらの判断は自分の価値観に影響されて決めています。この判断は，その後のその人との関係をある程度決めていくことになります。苦手そうだと思えば近づかないし，好ましい人だと思えば自分から近寄っていくかもしれません。さらに，自分の価値観によってどのような判断をしているかに気づいていないと，その人の姿を歪めて受け取ってしまうことも起こるのです。私は○○という判断基準をもっていると気づいていれば，はじめから歪めて受けとめないように用心して相手を見ることもできるのです。

　また，人間関係の中でどのようなことを大切にしているかということも，関係に影響を与えていきます。人とはいつも楽しく安心した関係でいたいと思う人と，せっかくつきあうのなら少々葛藤が起きても本音で話ができるような関係でいたいと思う人とでは，当然つきあい方が変わります。どちらのつきあい方が良いとか，正しいとかの問題ではなく，どのように人と関係をもっていきたいのかという価値観に影響されていることだと考えられます。

　このように価値観とは，私たちの日常の些細な言動から，生涯どう生きていくのかにかかわるような大きな問題まで，多くのことに影響を与えている自分自身の枠組みや判断の基準なのです。

② 「私の価値観」を尊重することは大切

　①の冒頭でも述べたように，私たちの考えや行動の基になっている価値観は，自分らしく日々生きるのになくてはならないものです。そして，それは人それぞれが違っていて当たり前のものなのです。しかし，私たちは自分の考えと違うものに出会うと，なぜそんなふうに考えるのかと不思議に思ったりします。極端な場合は，相手のことを非難したり，変な人だと決めつけて相手にしなくなったりします。これでは人との関係が築けないどころか，自分自身のことについても気づくことができません。相手を理解するということは，相手と自分との違いを理解することでもあります。

そのためには，まず自分の価値観に気づくことが大切なことではないでしょうか。

先ほど車へのこだわりの例を出しましたが，再びこの例を使って話を進めましょう。車を購入する際に自分だけの車であれば，誰の意見を聞くこともなく，自分が気に入った車を買えばいいと思います。世界中には何万という車があり，それが人それぞれの希望に合うように作られているのですから，遠慮することはありません。でも，家族で１台の車を共有しようということになれば話は別です。いくら悪路を軽快に走れるような車が好きだと言っても，小さな子供やお年寄りがいる家庭にジープは適切でしょうか。そういった場合は，互いに車に何を求めているのか，誰がどのような使い方をするのか，今の自分の事情が許す価格や大きさはどのくらいかなどを皆で検討する必要があるでしょう。互いのもつ車選びの判断の基準を明確にしそれを互いに理解し，共有して合意できるものを探すのです。その過程では，互いへの思いや配慮，時には葛藤を感じることもあると思います。案外，互いの率直な思いに触れて，そんなことを考えていたのか驚くことも喜ぶこともあるかもしれません。それぞれが自分の考えを明確にして，車を選ぶという話し合いを率直にすれば，互いの理解を深めることができるのです。

自分の価値観を知っているのは自分だけですから，自分で大切にしないと自分の価値観は大切にできません。また，自分の価値観を大切にできないと，話し合いのなかで人との違いを明確にすることも，互いの理解を深めて合意を取り合うこともできにくくなるでしょう。では，人が自分の価値観を大切にできなくなるのはどういう時でしょうか。人はそんなに精神的に強くはないので，自分だけが違うことには不安を覚えます。価値観は一人ひとり違っていて，良いも悪いもないと頭でわかっていても，自分が間違っているのか，考え方が変なのかなど自分を否定的に見てしまい，自分の価値観を大切にできなくなります。また，相手に自分のことを理解してもらいたくて頑張って伝えても，相手に理解してもらえなかったりすると，やはり自分に自信をなくして，その支えになっている価値観をも大事にできなくなるかもし

●ミニレクチャー　マズローの欲求の階層説

図2-1　マズローの欲求の階層（マズロー，邦訳，1972）

人が行動する際の基になるものの１つとして欲求があります。アメリカの心理学者アブラハム・マズロー（A. H. Maslow）は，その欲求は階層をなしていて，人は，より低い層の欲求が満たされると，その次の層の欲求を満たそうとする行動を選択するという考え方を提唱しました。それが「欲求の階層説」です。この考え方は，人が生きていくために必要な基本的な欲求（基本的欲求）を４つの階層で説明しているため「基本的欲求の階層理論」とか，最も高次の欲求は，自分のもてる能力を活かして絶えず成長していく自己実現の欲求だとしているところから「自己実現理論」とも呼ばれます。また，この理論を説明するために図式化されたものもよく取り上げられますが，この図は，マズローのスポークスマンであったゴーブル（F. G. Goble）によるものです（図2-1）。

では，階層をなしている欲求それぞれの内容を見てみましょう。

1）基本的欲求

欠乏欲求とも呼ばれます。人が生きていくために必要な基本的な以下の４つの欲求を総称して基本的欲求としています。

①**生理的欲求（Physiological needs）**　飢えや渇きを満たしたいという欲求を意味します。生物としての生命を維持するために必要となる，本能的・根源的な欲求のことを言っています。

れません。価値観は自分を支えてくれるものでもありますが，時には自分を追いつめてしまうものにもなるのです。

しかし反対に，自分の価値観をもとにした考えや行動を，人に認めてもらえた時には，強い喜びを感じたり，自分に自信をもつことができたりするものです。これは，マズローの「欲求の階層説」における高次の欲求である「承認の欲求」にあたると考えられます。この欲求があるから，人は自分が他者と違うということに弱いのです。違うということは承認されていないと考えてしまうからです。ですから逆に，自分の価値観に正直に考えや行動を表わした時に，相手に認めてもらえる体験ができると，「承認の欲求」が満たされてより高次の欲求である「自己実現」へと進めるのです。また，自分自身も自信をもつことができて自己肯定感を強めることができ，その後の自分の言動を積極的に行うことができるようにもなっていくのです。もちろん偽りの自分の姿を認めてもらっても意味はありませんから，そのためには，自分自身の価値観によく気づいていて，それをどのように伝えていくかのスキルも，磨いておくことが必要なことになると考えられます。

③ かかわりの中で変化する価値観

価値観が経験からつくられるものであり，変化するものであることは，先に述べました。では，価値観が変化するのはどういう時なのでしょうか。誰もが納得できるのは，大きな出来事に遭遇した時でしょう。人生の岐路とでも言うべき時には，人は少なからず自分の価値観が揺るがされ，新しい価値観を構築していくものです。たとえば，就職や結婚，出産，大切な人との別れ，離職などです。また，大きく社会情勢が変わったり，自分自身が大病を患ったり，異文化の中に身を投じることになったり，自分ではどうすることもできないような自然災害などに遭うということも，価値観を大きく揺るがす体験になるでしょう。しかし，現実にはそんな大きな体験ではなくても，人との些細なやりとりのなかでも，自分の価値観を問い直すことはあるものです。価値観が変化する時，

②**安全の欲求（Safety needs）**　安定や，不安から回避することを意味します。人間としての生存が危険にさらされない状態を得ようとするもので，経済的安定や健康な状態の維持なども含まれます。

③**所属と愛の欲求（Social needs/Love and belonging）**　他者と親しくしたり，他者から受け入れられたりすることを意味します。自分が社会の一部であると認められる状態を表わします。

④**承認（尊重）の欲求（Esteem）**　有能であることや他者から評価されることを意味します。自分が他人に尊敬されたい，能力があり重要であると認められたいという，外的要因による充足を求めるレベルと，自己肯定感，自己信頼感といった自尊心といった内的要因による充足に関するレベルの2つのレベルが階層に含まれます。

2）成長欲求

存在価値やメタ欲求とも呼ばれ，基本的欲求とは区別されます。

⑤**自己実現の欲求（Self-actualization）**　人を行動へと向かわせる最も高次な欲求で，自分のもてる能力を活かして絶えず成長していこうとするものだと考えています。

基本的欲求の多くは，得られることにより満たされる欲求であるのに対して，基本的欲求の承認欲求と成長欲求の自己実現の欲求は，いったん何かを得て「満足」しても，そこで欲求が終わるのではなく，次の目標を設定し，さらに高い欲求に向かって活動を続ける状態になるのだとも考えられています。

また，マズローは，自己実現を遂げた人間や自己成長を続ける人間の特徴についての概念を明記しています。それは，現実をそのままとらえることができ，いろいろな経験を理解していて，自分なりの表現や考えを生み出すことができること，そして，物事をいろいろな角度から眺めることができ，民主的で自己中心的ではないことだとしています。

私たちのなかではどのようなことが起きているのでしょうか。

価値観が変化する時は，自分一人で考え，悩んで変化していくこともあるでしょうが，それ以上に，そのような体験の中で，人の考えに触れたり，人の自分への思いや気持ちに気づいたりすることに影響されることが大きいと思います。何度も例に出しますが家族で車を決める際に，車の機能や形，価格などで説得されてもなかなか考えを変えることができないことがあります。しかし，家族の気持ちや思いに触れると，案外すんなりと相手の意見を聞くことができたりするものです。たとえば，少し無理をして高級車を買おうとするあなたに，「お金の工面はどうするのか」「そんな車は恰好ばっかりだ」などと言われても素直に聞くことができなくなるかもしれません。でも，「金の無理をすることで，あなたが他にできることを狭めてしまうのではないかと心配なのだ」とか，「まだ若いあなたが高級車に乗ることで，周りからあなたが誤解されはしないかと思っているのだ」などと，あなたへの率直な思いが伝えられると，耳を傾け，自分の考えを問い直すきっかけになるかもしれません。そういったことが，ひいてはものを見る時のあなたの基準に変化を与えていることもあるのではないでしょうか。日常で何度も出会うさまざまな決定の時にも，私たちは自分の価値観を明確にし，問い直してみる機会を得ているのです。

これまでお伝えしてきたとおり，あなたの価値観が揺るがされる時が，あなたが人から影響を受け，人に関心をもっている時だと言えます。また，同時にそれは相手のなかでも起こっていることと考えられます。ですから，互いの価値観を明確にし，理解を深めていくことは，まさに人と人とが関心を寄せあっている時であり，人間関係を深めている時だと言えるのです。

④ 互いの価値観を共有することで拓かれる道

ここまで誰もが価値観をもっていて，それがどのようにつくられたり，変化したりするかをお伝えしてきました。では，お互いの関係にそれぞれがもっている価値観を生かしていくには，どのようなことが考えられるのでしょうか。

私が大学の授業などで学生に価値観の話をするときに，必ず伝えることがあります。それは，私たちはどんなに頑張ったとしても，その人をそのまま受けとめることはできないということです。ちょっとショッキングな言い方だと思います。しかし，私たちは自分の視点でしか人や物事を見ることができないのです。どんなに相手のことを思い，状況をとらえたとしても，自分の気づけていること以外に目を向けることはできませんし，気づけていることのなかでも何に注目するかは，自分で判断しているのにほかならないからです。

皆さんは「ルビンの盃」（図5-1，55頁参照）という絵を見たことがあるでしょうか。黒い部分に注目すると白い部分は背景となり，人が向き合っている絵のように見えます。逆に白い部分に注目すると黒い部分が背景となり，足の高い盃のように見えます。どこに注目するかによって，同じ絵がまったく違った絵に見えるのです。どちらも本当に見えるものですから，どっちが正解かという問題ではありません。ものの見方は，どこに注目するかによって変化し，1つではないということを教えてくれているのです。

人との関係において価値観ということを考える時，このルビンの盃が教えてくれることがヒントになります。自分が何に注目しているかということが，まさに自分の価値観に影響されていることだからです。自分の価値観がどういうものであるかを知っていれば，私は○○を大切にしているから□□に思えるのだと気づくことができます。また，価値観は人それぞれ違うということを知っていれば，同じことを経験しても，自分とは違ったように思う人がいることも理解できます。そのうえで，一人ひとりの違いを認め，その違いを生かそうとすることができるということです。

このように考えていけば，人のことをそのまま受けとめることはできないということも，理解していただけるのではないでしょうか。人が違えば注目しているところが違うのですから，同じこともまったく同じようには見えないのです。だったら最初から同じように見るのはあきらめて，自分がどのように見えているのか，それは自分のどの

ような価値観からなのかを考え，相手との見方の違いを知るために，相手の声に耳を傾けて相手の価値観を知っていく方が，相手を理解する近道なのではないでしょうか。そして，そのことがまさに人との関係をつくっていくということになるのではないでしょうか。序章で紹介した「ジョハリの窓」で，開放領域を大きくできる関係の人同士の方が，一緒に何かをした時に，互いを生かして結果をあげることができることをお話ししました。開放領域を広げるには，自己開示とフィードバックが必要です。そして，相手に自分の考えを率直に伝えることが自己開示することであり，相手の言動をどう受け止めたか応答することがフィードバックをすることになるのです。このように，お互いの考えなどを伝えていくこと，しいては価値観を理解し合っていくことは，互いの開放領域を広げ，よりよい関係を築いていくことになるのです。

お互いの価値観を明確にしたら，随分考え方が違っていたということもあるでしょう。意見を統一する必要がない場合は，お互いの考え方を尊重していればいいのですが，何かを一緒にしなければならなかったり，ある程度の意見調整が必要な場合には，ちょっと困ったなということになるでしょう。そういう時は，まず，お互いの考え方のどこがどう違うのかを明確にしたうえで，どの部分にどの程度合意していかなければいけないかを考えることが必要でしょう。そして，今は何を最も大切にしなければならないかを決めて，そのことを基準にお互いの考えをすり合わせていくのです。こういったことをコンセンサス（合意）を得るといいます。その時に間違えてはいけないのは，合意することが，必ずしも自分の価値観を変えるということではないということです。今は△△という基準で考えることがベストだと思えるから，△△でやります。でも，私は△△よりも○○が大事だという思いは変わってはいません，というように，自分自身の考えや好き嫌いなど価値観に由来することを，基から変えてしまうことはな

●ミニレクチャー　コンセンサス（consensus）による集団意思決定

コンセンサスとは一般的には意見の一致，合意，共感といった意味で，集団意思決定方法の1つです。ここでは，以下に述べるいろいろな集団意思決定の方法と比較しながら，コンセンサスの意義を説明します。

1) 集団意思決定のさまざま

①反応のない決定　集団意思決定の際，反対だけでなく賛成についても声が上がらず，意見がないようなので全員賛成とみなし，提案どおりに決定してしまう場合です。これは，好ましくない決定方法と言えます。そこでは意見を述べないことは賛成だとみなされてしまうからです。この場合，決定した後に不平不満がでたり，いざ実行という段階で協力しない（実は反対だった），参加しないということが起こりかねません。

②権限による決定　その集団・組織の中で権限をもった1人（個人）による決定です。次の2つがあります。

[地位による決定]　地位をもった1人の人，たとえば会議の議長や会社の社長に一任するという方法です。上司からの命令はこれにあたります。ただ，この場合でも，メンバーが自由な討議をしたうえで，その議論を考慮して意思決定することもできます。

[専門性による決定]　決めようとすることに関して，特に経験が豊富だったり，熟達している人がいる場合，その人に決定を任せるというやり方です。医者の診断に従ったり，弁護士に任せたりといった場合です。間違いの少ない方法と言えますが，いつもそのような人がいるとは限りません。

③少数者による決定　メンバーの中の何人かに決定を任せるやり方です。これにも2つの方法があります。決定をする少人数が，メンバーの合意により決められている場合，合意なく決められている場合です。

[メンバーの合意がある場合]　メンバーの方にも協力的な雰囲気ができやすく，決定に関してグループでの問題が起きることは少ないと言えます。

［メンバーの合意がない場合］　会議の前に根回しが行われている場合などがそうです。グループの一部のメンバーの意見が，グループ全体の意見のように取り扱われてしまいます。時には，知らないうちに決まっていたなどということも起こります。この場合，多くの不満を残す可能性もあります。
④**多数決による決定**　一般的によく使われる最もなじみのある意思決定の方法です。私たちは学校などで何かを決める時に何度も経験してきていると思います。これも2つの方法があります。
　　［討議なしの決定］　ある事項に関してまったく話し合いがされずに挙手したり投票したりして決める方法です。選挙が代表的な例です。投票者は事前に討議することなく投票に入ります。即決できますが，投票者の考えがわからないまま決定に至る点に，不安が残ることもあります。
　　［討議ありの決定］　決定すべき事柄について，十分意見交換をしたにもかかわらず結論に至らない時に，多数決で決めることです。私たちには一番なじみやすい方法です。討議することで，互いが納得できる結論にかなり近づくことができます。ただ，最終的に少数意見（不採用意見）になった側にはどうしても敗北感が残り，実行段階で消極的になる可能性も考えられます。
⑤**コンセンサスによる決定**　全員の合意による決定です。合意とはかならずしも意見が一致するということではありません。グループメンバーそれぞれの意見が違っていても，納得して決定することが求められます。少数意見も考えの幅を広げてくれるものとして大切に扱われます。しかし，これはなかなか容易なことではありません。一方，話し合いのプロセスの中で全員が納得して決めているので，互いの考えの理解も深まり，実行段階ではメンバーが協力して仕事を進めることが可能になります。
⑥**全会一致による決定**　全員の考えがまったく同じになる決定です。厳密に考えると，不可能に近いと思われます。

　以上が，集団意思決定の6つの方法です。どれが良いかについては一概に言うことはできません。この中で①は適切でないと思われますが，その他のものについては一長一短があり，状況によってそれぞれに有効であると思います。つまり決定しなければならない内容，与えられた時間，メンバーの数と質，などに応じて最もふさわしい決定の方法を選択することが大切なのです。
　そして，いまひとつ大切なことはそれがどのような方法であれ，意思決定の過程がメンバーにどれほど共有されているかということです。

2）コンセンサスの日常性

　集団意思決定の1つであるコンセンサスの考え方を日常生活に活かすことで，人間関係の様子がずいぶんと変わります。
　前述したように，コンセンサスによる決定はメンバーの考えが全員一致することではなく，考えは違ったままでも，互いに納得して1つの結論を出す方法です。そして，コンセンサスが成り立つためには，一方通行ではなく，双方通行の話し合いをしなくてはなりません。つまり，自分の意見を充分に伝えること，そのうえで，意識をして相手の意見や気持ちにも耳を傾けることが必要となります。
　身近な例で考えてみると，家族で，どこに旅行するかを決定する時，意見として「テーマパークで遊びたい」「温泉でゆっくりしたい」「カニを食べに行きたい」などと，いろんな希望が出たとします。その後，「カニって聞いたら食べたくなった！」とか，「テーマパークはちょっと前にも行ったから，今度は別の所にしよう」

いのです。むしろ，そういった一人ひとりの違いを理解し合いながら，共にやっていく道を探っていくことが大切なことだと言えます。世の中にはいろいろな考えの人がいていいのです。いろいろな考えの人が自由に共に生きられる社会が，健全な社会であり，人間の尊厳が守られていることだと思うのです。

文　献

浦上昌則・神谷俊次・中村和彦［編］（2008）．心理学 第2版　ナカニシヤ出版

津村俊充・山口真人［編］（2005）．南山短期大学人間関係科［監修］人間関係トレーニング―私を育てる教育への人間学的アプローチ 第2版　ナカニシヤ出版

津村俊充（2012）．プロセスエデュケーション―学びを支援するファシリテーションの理論と実際　金子書房

星野欣生（2003）．人間関係づくりトレーニング　金子書房

などと意見を変更することもあるでしょう。「温泉にも行きたいけれど，カニでもいいよ」などと，他の意見に賛同することもあるでしょう。そして，異なった意見を出し合い充分話し合った結果，自分の意見と完全に一致しなくても，「それもいい」「そっちも悪くない」と納得して，「今度の家族旅行は温泉つき旅館にカニを食べに行く！」と決定することができます。コンセンサスによって互いの相互理解が深まり納得したうえで考えを1つに導き出すことができるのです。

　私たちは，家族，職場，仲間など日常生活の中で，意見や価値観の違いでぶつかり合うことが多いものです。しかし，ぶつかり合った時こそ，コンセンサスを使ったやり取りをすることで，人とのかかわりを深めていくことができます。そういった関係を少しずつ紡いでいくことは，私たちが安心して暮らせる日常を維持していくためにとても有効なことです。

3）コンセンサス実習からの学び
　体験学習の構造化された実習の中にコンセンサス実習と呼ばれるものがあります。実習では意思決定の過程で起こるさまざまなことから，コンセンサスの意義を学んでいきます。
　単に話し合いによる意思決定を体験するだけではなく，メンバー一人ひとりが納得して合意を得ることを目標に話し合うことから，互いの間でどのようなことが起こり，関係に変化が起こっているかに気づいていきます。そして，グループメンバーの関係の変化も体験的に学んでいくことができます。
　実習する際には，グループでコンセンサスをめざすために，いくつかの留意点をあげ，充分な討議ができるような工夫をしています。それらは，以下のものです。

　★多数決をとったり，平均値をだしたりしない。
　★意見を変える時は納得して変えることをきちんと表明する。
　★勝ち負けにこだわった論争は避ける。
　★葛藤を避けるために安易な妥協はしない。
　★少数意見は理解を深め，視野を広げるものととらえる。
　★取り引きはしない。
　★論理的に考えることは大切ですが，メンバーの感情やグループの動きにも，充分配慮してください。

　コンセンサス実習では，自分の価値観を取り扱うことが多くあります。実習の流れとして，まず個人として，与えられた課題に対する自分の意見を明確にすることが求められます。その後グループの作業では，メンバー全員で充分に話し合うことにより，グループに与えられた課題への決定を出すことに取り組みます。その際，メンバー一人ひとりの価値観に触れることで，共感したり，葛藤が起こったり，さまざまなかかわりが生まれます。また，充分なやり取りをすることで，互いの理解を深めるには自分の意見を伝えることが必要であるということや，メンバーが聞き，応えてくれることで今まで以上にメンバーを信頼する気持ちをもつことができることに気づけます。このように，コンセンサスでは，相互に理解を深めていく関係のもち方を学んでいくことができるのです。

マズロー・A.／上田吉一［訳］（1972）．完全なる人間―魂の
　めざすもの　誠信書房

3 感性を磨く

　私たちは，日々の生活のなかで物事を理性的に判断し思考する一方で，直感的，感覚的なところに頼って物事をとらえ人とかかわることもしています。それらの感覚は，正直な私たちのこころを表していると言えますが，日常的にはあまり意識しないことも多く，そのことに気づかないままコミュニケーションが進むと，変だなと感じたり，コミュニケーションの食い違いなどのトラブルも起こりがちです。

　喜怒哀楽に代表される感情や，感性，感受性と言われる感覚を自分の生き方や人とのかかわりの中で少しでもうまく活かしていくことができたら，なんと素敵なことでしょう。

　コミュニケーションにおいて，私たちのからだは正直なこころのメッセージを表わしていると言われています。ことば以外のノンバーバル（非言語）コミュニケーションからさまざまなメッセージを読み取ることができるのです。その手がかりとして，五感（視覚，聴覚，嗅覚，触覚，味覚）を活用してみることです。こころのサインを読み取ることから，より豊かなコミュニケーションを築いていくヒントを見つけることができるでしょう。

　この章では，まず私たちが成長とともに変化していくこころや感受性について，それぞれの発達段階の特徴的な事例を紹介しながら取り上げてみたいと思います。そして実際のコミュニケーションにおいて，特にノンバーバル・コミュニケーションからさまざまなこころの気づきを読み解いていきます。

　また，この章で紹介するTグループというアプローチは，ラボラトリー体験学習が始まるきっかけとなった理論を基にした，私たちが人と出会い，誠実な信頼関係を築いていく時の最もベーシックな人間関係のトレーニングと言われています。「今，ここ」での相互関係に強い関心をもちながら，互いに信頼関係が深まっていくまでのプロセスには，たくさんのことが起こります。Tグループの体験は私たちの日常の一面でもあり，信頼関係を築いていこうとする時には，その体験から得られる感受性や感性を手がかりにしていくのです。

　こころの羅針盤とも言える感性を磨き，より豊かなコミュニケーターになるためのヒントをこの章で見つけていきます。

① 見えにくいこころ

　私たちには，自分の内側に「こころ」というものがありながらも，その存在をあまり意識しないまま日々過ごしています。胸に手を当ててみたところで，はっきりとした形で見えてくるものではありません。けれども，「こころ」は私たちの人生においても重要であることには違いありません。私たちに大きく影響を与えている「こころ」について考えてみましょう。

❖ 気持ち（感情）の表わし方

　感情は難しくやっかいなもの，扱いにくいものと思っていませんか。感情的になってしまい関係がこじれてしまうなど，トラブルも少なくありません。自分の気持ちを正直に出した時に，関係がこじれてしまったりするとなおさら慎重になってしまいます。私たち日本人の文化には，感情を表に出すことをあまり良しとしないところがあるようです。特に感情を人前で表わしている人を見ると，正直ドキッ！としてしまいませんか。声をあげて泣いたり叫んだりすることは，子供みたいで恥ずかしいとか，大人のすることではないと思ったりします。「こころで泣いて顔で笑う」ことが，美徳のように思う風潮も世間にはあるので，その人が本当はどんな気持ちでいるのか，表に表われていないなかから状況や様子を読み取らなければいけないという複雑さもあるのです。

ここで大切なことは，感情的になることと感情を表現することは別のことだということです。

　相手が声を荒立てて「ばかやろう！」と怒りをぶつけてきたら，どうしますか？　腫れ物に触れないように黙るとか，「まあまあ」と言って，自分の気持ちはひとまず横に置いて相手をなだめたり自分が折れたりするでしょうか。もし互いに譲れない場合は，もっと感情的になって大げんかになってしまい，理解し合うことはさらに困難になるのかもしれません。ネガティブな感情表現は，やみくもに感情的になるのではなく，今自分のなかに起こっている感情がどのようなものか，誰に対して起こる気持ちか，どの程度その感情を受け入れることができるのか自分に問いかけて，自分のなかに起こっている感情をことばにして，きちんと相手に伝える表現にすることが肝心です。ネガティブな感情を伝えたり受け止めることは，一時的にせよ，気まずさや嫌な気持ちを抱くことになりますが，自分の感情に正直に向き合い，誠実に根気よく互いの感情を伝え合うことで理解が深まり，深いかかわりが生まれるようになるものです。一方で，ポジティブな感情を伝えることで，状況が好転したり気持ちが楽になるなど，プラスの方向へ後押しする力が働くことがあります。何かの理由で気持ちがネガティブになることはよくあることですが，別の見方からのポジティブなひと言は，それまでの何か重苦しいこころに風穴を開けてくれます。ネガティブな気持ちが完全になくならないにしても，ここはポジティブな感情でいこうという選択ができることが大切です。このようにポジティブな感情をうまくコミュニケーションに取り入れていくことは，自分だけではなく，まわりの人にもプラスの影響を与えていくことなのです。

　さて，私たちの抱く感情は，ことばだけでなくからだのサインからも読み取ることができます。たとえば，緊張してくると，いつもより心臓がどきどきしたり声が震えてしまうことがあります。また，うっかり失敗などをして，恥ずかしいと感じた時は，顔が赤くなったり熱くなったりします。手に汗にぎったり，喉がからからに乾いたり，からだは正直にこころに起こってくる感情を表わしているのです。自分と同じように相手や周りの人も，自分のからだからことばではない何らかのサインを表わしていますので，相手の様子をよく観ることがその人の感情に気づく手がかりとなります。

❖　**感性と感受性**

　私たちには，物事をこころで感じ取る能力があります。あの人は感性が鋭いとか，感受性が豊かだという言い方をよく耳にします。感性とは，外界のさまざまな刺激を直感的，感覚的に受け取る能力のことです。感性が豊かなのはその直感的能力が鋭いことを意味します。人間なら生まれつきだれもがもっている感覚的判断力，それが感性です。人によって差異があるのは，それを充分に働かせているか，そうでないかによります。絵画などを見て感性が鋭い作品だと思うことがありますが，それはその人の直感的能力が作品に余すところなく表現されているからだと思います。

　感受性は，自然現象や人の感情や関係性の中でそれらに共感したり共鳴する力，という意味あいがあると言われています。生まれながらに備わっている感性に対して，感受性は私たちが生きていく時に，さまざまな体験を通じてつくられていくものと言えます。では，感受性は人間の成長の過程でどのように形成され影響を受けるのかを考えてみましょう。

❖　**成長とともに変化していくこころ**

　乳幼児期は，安心できる親子関係を，食事や排泄，衣服の着脱といった基本的な生活の中で得ていく時期です。両親の温かなまなざしやことばかけ，充分なスキンシップから愛情に支えられた人間性や社会性の基盤が形成されていきます。人と接することが赤ちゃんのこころに心地よいものとして育まれていくのです。

　幼児期は，集団遊びの中で順番やルールがあることを体験し，自分と違う他者（たとえば，友達，兄弟，おじいちゃん，おばあちゃんなど）の存在を理解していきます。自然や生き物にも興味をもち，全身で感じるたくさんの体験を繰り返し身につけていくなかで，子供本来の素直な感性が芽生えていくと言われています。手をつないだりだっこされた時の感触，絵本や歌を歌ってもらう時の

両親や大人たちの声，大好きなおやつの時間，散歩や外遊びの時に出会う葉っぱや石ころ，花や虫たち。これらとの出会いは子供たちの五感を刺激します。触れた時の感触（触覚），見えるもの（視覚），音（聴覚），味わい（味覚），匂い（嗅覚）を感じる五感は，外界の世界を認識しそれを受容する感覚のことです。五感から受けた感覚が，快と感じるか不快と感じるか，安全と感じるか不安と感じるか，そこに感性の力が働きます。これらの体験の積み重ねは，小さな種がやがて芽を出し育つ時，太陽の光，水，栄養，気温などの影響を受けて育っていく様子に重なります。さまざまな刺激を受け乳幼児期から，ゆっくりじっくり五感を育てていくことは，人間が生きていくうえでとても重要なことなのです。いろいろなものに出会いその違いを肌で感じ取っていく力は，私たちの感性を研ぎすませ豊かにしていくことでしょう。

レイチェル・カーソンは，著書『センス・オブ・ワンダー』の中で，「すべてのこどもの成長を見守る善良な妖精に話しかける力をもっているとしたら，世界中の子どもに，生涯消えることのないセンス・オブ・ワンダー＝神秘さや不思議さに目をみはる感性を授けてほしいと願うでしょう」と語っています。レイチェルが願う「神秘さや不思議さに目をみはる感性」は，本物に出会う体験として，大人にとっても子供にとっても豊かな感性を生み出す大切なものであるということに気づかされます。

そうしたことから考えると，子供を取り巻く環境が今どうなのかという点が気になるところですが，子供の環境は近年さらに複雑になってきているように感じます。また社会の歪みの中で，さまざまな問題も多く起こっています。働く女性が多くなり共働きの家庭も増え，夫婦で協力して子育てをしていく社会になりつつありますが，まだまだ働くお母さんの負担は大きいと言えます。少子化や都市化によってもたらされる，地域におけるつながりの希薄化は，子育てに不安を感じさせたり自信をもてなくさせてしまいます。過度のストレスは子育てに対して無関心や放任，逆に過保護や甘やかせ過ぎといったさまざまな問題を生じさせます。また労働条件の悪化や貧困という問題も子供たちのおかれた家庭環境に陰を落としていま

す。そのような中で起こる親からの虐待は，子供のこころを閉ざしてしまうだけでなく，その将来やあるいは生命にとっての危機となります。虐待を受けた子供が大人になり，虐待する側になるという負の連鎖も起こっています。家庭や地域社会での温かな交わりは人に対する信頼感を育み，子供同士の遊びは，その体験を通して社会性や道徳性を学ぶだけでなく，子供の感受性を育んでいくことになることは明らかなことだけに，そうした機会を失わせた私たち大人の責任が問われます。

さて，もう少し子供の発達過程を見ていきましょう。小学校に入学し低学年と言われる1～3年生の学童期前期は，自立心が芽生える時期です。何をするにも大人が側にいないとなかなかできなかった幼児期から，自分でいろいろなことができる時期を迎えます。友達同士で役割を決めて遊ぶことや善悪の判断や身辺自立ができ，自然や生命あるものを慈しむ姿が見られるようになるのもこの時期です。

小学校低学年のお子さんのことで子供らしいホッとする出来事がありました。近所の子供たちが数人集まって，何やら騒いでいるところに出くわしたことがあります。生まれたばかりの子猫を見つけ，可哀想だからどうしようと皆で相談しているところでした。そこに居合わせた子供たちの真剣な眼差しから，小さな命を愛しむ気持ちがひしひしと伝わってきました。子猫がどうなったか，親猫を探し出せたのか，だれかが飼うことになったのか，残念ながらその結末まではわからなかったのですが，小さなものを愛しみひたむきに守ろうとする素直な気持ちが感じられました。また生死に関わる大事件に直面する体験を通して，彼らが何かを感じ取る力を育む体験がそこに起こっていたと思います。

小学校高学年に入ると，他者意識が芽生えてくる時期と言われています。友達，先生，家族など自分と相手との関係のなかで自分の態度を決めることができたり，自分の感情や欲求を抑えるなど，自分のことをある程度客観的にとらえることができます。この時期は自分自身の成長を感じながら，自己肯定感をもち始めていくと言われます。一方で，身体的発達も精神的発達も個人差が顕著になるために，自分と相手を比べて，背が低い，勉強

ができない，自分はだめだなどと劣等感をもってしまうこともあります。またいわゆるギャングエイジと言われる排他的な子供集団が発生したり，不登校や引きこもりなどこころの病を訴えることも多く，この時期に自らの命を絶たなければならないという悲しむべき事態が起こることもあります。

インターネットや携帯などの通信手段や情報は，子供世界にも急激に浸透してきています。特にバーチャルでの擬似的間接的な体験は，人やもの，自然に直接触れる体験から学ぶ機会を奪い，空想と現実の世界の見分けがつかなくなってしまうほどです。本当ならありえない事態が，バーチャルな世界で簡単にできてしまうので，本物を見分ける判断を麻痺させ，誤った方向へと知らないうちに誘導させているのかもしれません。ボタンを押せばある存在を削除できたり，またリセットして何度も生死を繰り返すことになります。そこには，人の温かい生身の触れ合いもなければ，声も聞こえてきません。子供の感受性を育てていくのに必要なことは，本物に出会うこと，それにつきます。

青年前期と言われる中学校の時期は思春期に入り，親や友達と異なる自分独自の内面があることに気づき始めます。自分のよさを実感したり自分の短所を自覚したり，さまざまな葛藤のなかで，自分らしさや自分の生き方を模索し始める時期と言われています。大人との関係よりも友人関係に強い意味を見出すために，親に対して反抗したり，親子のコミュニケーションが不足しがちになるといったことも起きてきます。特定の友人との深い関係を築こうとする一方で，勉強やクラブ活動での仲間同士の間で共有する，一緒である，普通であるという一般的な評価を強く意識する一面ももち合わせています。他者との交流に消極的になったり，不登校やクラスにとけ込めないなど青年期すべてに共通する引きこもりや自傷行為などの増加も気がかりです。中学生の子供たちのこころは，このようにとてもデリケートです。自意識が芽生えてきますので，他者との比較ではなく，できるだけその子自身のあり様を認めて，自分は大切な存在だということが実感できる機会を大人である私たちがつくっていくことが，青年前期での感受性を育むために必要なのだと思います。

高校生の年代にあたる青年中期に入ると，思春期の混乱から脱却しながら大人の社会でどのように生きるか，自分の進路や生きる課題に対して真剣に模索していく時期であると言われています。高校を卒業後，進学するのか就職するのか，将来どのような職業に就きたいのか，自分はどんなことに興味があるのか，漠然としながらも自分の将来の進路や夢について考え始めていく時期になります。

先日，ある高校の学園祭で職員室を訪ねることがありました。私とすれ違う学生たちは，皆こんにちは！と笑顔で私にあいさつをしてくれます。実行委員と思える数人の学生たちは，男子も女子も互いに気心が知れているのか，ポンポンとした会話が飛び交っていて，そのやり取りがとても心地よい光景に見えました。屈託なく笑って受付の対応をしている会話のやり取りからも互いの関係がしっかりできているように感じられました。別の場所では，男子学生が交通整理をしていて，近道になる通用門に立ち，そこからは入ってはいけないということを通る人たちに丁寧に頭を下げて断っていました。にぎやかな学園祭の会場から少し離れた場所で対応している彼の仕事ぶりに，若者らしい誠実な様子が伝わってきて，温かい気持ちを抱きました。目の前の楽しさだけを追い求めたり，特定の親しい仲間以外の人には無関心であったり，この青年中期は，社会や公共に対する意識や関心が低下してくるとも言われています。自分が自発的に責任を果たすことや仲間と協力して準備をすることで，自分や仲間の気持ちに向き合おうとする人間関係のセンスを学園祭という体験から学んでいってほしいと思える出来事でした。

18歳から23歳ごろまでの青年期後期は，それまでの生活が一変する大きな転換期とも言えます。多くの若者が大学生，専門学生など，社会人になる前の自由な時間を過ごす時期なので，一見楽しく自由な学生生活を送っているようにも見えますが，多様な価値観と自由の中から，一人ひとりが自発的に自分というものをつくり上げていく作業が待ち受けていると言えます。それまでに用意されていたレールはもうありません。自分で模索しながら，自分自身でレールを敷いていくことが求められるのです。自分が一体何者で，何を欲し他

者とどのようにかかわっていくのか，自分の存在がどのようにあるべきなのかなど，自分についてあらためて向き合うことが求められてきます。

　私自身は，進路や将来についてなりたいものがなかなかイメージできないまま，何となく高校生活を過ごしていました。何となくクラスメイトの友人たちとおしゃべりをして，時間になれば何となく部活にも行き何となく時が過ぎていったように思うのです。

　しかしそんな私も青春を謳歌する18歳から20歳という時に体験学習に出会うことができました。やっと自分について正直に向き合うことができる時間が与えられたように思います。短大時代，私が学んだ人間関係科の授業では，「今，どのようなことがあなたや周りの人に起こっていたのか，どのように感じているのか」という問いかけがいつも用意されていました。自分の内面に触れながら，他者との関係やグループに起こる人間関係の諸相について学ぶことにおいて，人間に関する専門的な知識を学ぶというよりも，私自身がどうありたいのか，自分について探求していくことが求められていました。学内のグループ実習（人間関係総合演習）や合宿形式で行われる授業（たとえばワークショップ，Tグループ，創造性開発，ゼミ合宿など）を通して，学科の仲間との中味の濃いかかわりの中で，自分をさまざまに試みていくチャンスがあったのです。

　「同じ釜の飯を食べ，共に学ぶ」ことは，机上の学習だけでは到底得られない，生きた人間関係を学んでいくことになります。そこでは，学期ごとに専門分野の異なる教員がチームを組んで，学生たちとかかわることで学生と教員とのつながりも自ずと深くなっていきます。上から目線でないフランクなかかわりの中で，学生一人ひとりが，それぞれの個を尊重され大切にされているという実感をもつこともできていきます。教員の集まる合同研究室は，学生がいつも自由に訪ねることができ，学生と教員は互いにニックネームで呼び合うなど，明るく，距離が近く，親しみやすいという環境の中で，学習共同体が築かれていったのだと思います。

　居心地の良いオープンな風土は，人を育み生かしていくためにとても大切な環境であると言えます。当時の研究資料（山口・伊藤，1997）から，人間関係科という学習共同体をつくるにあたり4つのポイントがあったことがわかります。それらは，人と人が共に生き生きと共同していく時に役立つ示唆に富んだ視点です。1つには異質との共存です。共同体の中で，それぞれが独立した人格として尊重し合い，お互いに違うことが豊かさであると認識していくことです。そのためにはディスカッションやグループワークを積み重ねながら，それぞれの思考，感情，行動，欲求，価値観などの違いを認めることが大切となります。2つには共通の目標が共有されていることです。たとえば授業や合宿などを実施していく時に，何を目標に学ぶのかという，学習の目標（ねらい）が互いに共有され明確になっているかです。これは教育の場に限らず，何かプロジェクトを行う場合も同様です。そしてその場が学習者や参加者が主体的に学ぼうとする環境であるか，人間的成長がもたらされるか，共同体のメンバー一人ひとりに目が向けられているか，などに留意することが大切です。3つには，共同体が民主主義的関係であることです。学習共同体では，さまざまな話し合いが必要となります。メンバー同士の間で充分に納得のいくコンセンサスがとれている環境であるかどうか，共同体の中に支配，命令，威圧，指示の力関係があってはいけないのです。4つには，相互の信頼関係が成立していることです。個性豊かな異質性のある仲間の間には葛藤は起こって当然です。共同体としての共通の目標や民主的な関係を築いていくための合意に至るには忍耐も必要となります。何か新しいチャレンジに対しては，慎重な意見も出たりしますが，慎重論以上に「まずはやってみよう！」というポジティブな力がその共同体に新たな関係性を生み出していきます。新しいチャレンジに対しては，充分な吟味がなされているか，目標が共有されているか，メンバー同士のオープンな自己開示やフィードバックが充分に機能することで，相互の信頼関係が形成されていきます。このように生き生きとした共同体においてはそれぞれの教員が充分に機能しているかどうか，「今ここ」で起こっていることに対する，必要に応じたファシリテーターの働きが重要となります。

私たちSeedsの恩師であったリチャード・メリット先生は，人間関係科の初代学科長として，とても"お茶目な"教育者でした。さまざまな慎重論もものとせず，異質であることは「面白いね！」と賞賛し，何事にも好奇心と興味をもって，学科の目指す学習共同体としての風土づくりを強く推進したお一人だったと思います。青く澄んだ優しいまなざしの奥には，「今ここ」で起こっているプロセスに対する吟味を怠らない姿勢ももち合わせていました。また，一人ひとりの小さな存在の中に豊かな賜物があることを大切にされ，私たちがそのことに自らの力で気づき，人生の中で生かしていくことを望んでおられたのです。一人の教育者として，また牧師として，先生ご自身も自らの人生をそのように歩もうとされていたのだと思います。

　私たちは，それぞれの人生の歩みのなかで，体験を通して多くのことを学んでいきます。自らの体験からの気づきを受けとめ，自分がどのようであるか，その気づきをどのように活かしていくのか問いかけていく時，自分や他者，そこにかかわる仲間との関係の中から，たくさんの気づきが与えられます。自らの体験と気づき，問いかけを繰り返しながら，私たちの感性は鋭く揺さぶられ，人間関係を察知する力ともいうべき感受性は育まれていくのです。

② 非言語コミュニケーションをとらえてみる

　私たちはコミュニケーションを行うとき，ことばを使ってお互いの感情や意思を伝え合っていますが，「目は口ほどにものを言う」という諺があるように，ことばを使う以外の方法でも多くのメッセージを伝えたり受け止めたりしています。たとえば小さな子供と話をする時は，伝えようとすることばに加えて，大きくうなずいたり，首を横にふったりします。「だめ！」と叱る時は少し怖いしかめ面になるでしょうし，褒める時は，ニコッと微笑んで時には拍手をしたりすることもあるでしょう。ことばと共にからだからもいろいろなサインを出して伝えようとしています。相手が高齢者であれば伝え方は違ったものとなります。話し方もゆっくりとした口調で，落ち着いた声に自然となるのではないでしょうか。また自分の声が聞こえやすいように相手の耳の近くに近づいたり，「どうですか？」と屈み込んで，目を合わせて確認するなど，距離も普段より接近しているかもしれません。もしあなたが会社など大勢の前でプレゼンテーションをするとしたらどうでしょう。背筋を延ばしてテンポよく，目線も全体を見るように颯爽と話している姿が浮かびませんか。

　こんなふうに，私たちはその時々の状況に応じて，からだや気持ちを使い分けて伝えようとしています。と同時に，ことばと共にからだからもいろいろなサインを出していることがわかります。コミュニケーションというと，一般的にはことばを使ったものだけととらえがちですが，そこに起こっているやり取りを客観的に見てみると，私たちがことばを使わない場合でもからだからのサインを受け取っていることがわかります。

❖ ダブルメッセージには要注意

　コミュニケーションには，一般的にバーバル（言語）を使ったコミュニケーションとノンバーバル（非言語）コミュニケーションがあると言われています。特にことばを使わないコミュニケーションでは，自分のからだがいろいろとサインとして表わしているにもかかわらず，それが無意識になされていて気づきにくいことも多く，混乱を招くことがしばしば起こります（グラバア, 2000）。たとえば，次のような例を考えてみましょう。

　頼まれたことをうっかり忘れてしまって，「はっ！」と忘れたことに気づいたとします。大抵は，「ごめんなさい」と謝ると思います。そして相手が「いいよ，大丈夫，気にしてないから」と言ってくれたとしたら，あなたならどんなふうに受け取るでしょうか。

　ことばの意味は，「気にしていないから，大丈夫」なので，「忘れられたけど，いいですよ」と言っています。その人がニコッと笑って，「大丈夫」と言ってくれたのであれば，「ああ，よかった。この人は怒っていないんだ」と許してくれたという確信がもてるかもしれません。「やれやれ」とほっとした気持ちになるのかもしれません。一方，もし相手が目を合わさないでぶっきらぼうな口調で，あるいは腕組みをして「いいよ，大丈夫，気

にしてないから」と言うと，どうでしょうか。受ける印象は，さっきとは随分違ってきます。ことばとは反対に「やっぱり怒っている」「大丈夫ではないのだ」というメッセージを受け取ることでしょう。どうしてこのような矛盾が起こるのでしょうか。

　ノンバーバルなコミュニケーションの重要性を唱えた研究者に，アメリカの心理学者アルバート・メラビアンという人がいます。1971年に発表された研究によると，話し手が自分の感情と矛盾するメッセージを表出した時，話し手の様子が聞き手の受け止め方にどのように影響するかを実験で測定したところ，90％はことば以外のノンバーバルな要素で決まるという結果が出ました。実験の対象があくまで"感情や態度について話し手が矛盾したメッセージを発した時"に限定された条件の時に，人はどう受け止めるのかを測定したものなので，コミュニケーションの大半が見た目で決まる，ということを言っているわけはありません。けれども数字を見ると，しぐさや表情，視線，容姿などの視覚情報が55％，声の高低や大きさ，話す早さ，テンポ，声のトーンなどの聴覚情報が38％，話すことば，その意味や内容など言語情報が7％という数値にもあるように，ことば以外の，つまりことばを使わないノンバーバルな部分に随分影響されていることがわかります。

　私たちは，伝えているはずのことばと矛盾するメッセージを表出していることもあるので，注意していく必要があります。先ほどの例で言うなら，「大丈夫，気にしてない」ということばと，その人の体からのサイン（目を合わさない，ぶっきらぼうな口調，腕組みをしている，笑っていないなど）とが一致していないために，「大丈夫ではない」と受け取ってしまうのです。ここには「大丈夫だ」ということばから受け取ったメッセージと，非言語で語られて受け取った「大丈夫ではない」という2つの違うメッセージが存在します。これらの矛盾やズレは，ダブルメッセージと言われるものですが，これらの矛盾が起こると，私たちは本能的にノンバーバルなものを本音ととってしまうようです。けれどもノンバーバルな部分は，ほとんどが自分も相手も，無意識にやり取りをしているために，このようなダブルメッセージが起こっても，何となくおかしいと思いながらも，何が起こったかわからずそのままにしてしまうのです。もちろん，わからないままでも，互いの関係には影響を与えています。

❖　ノンバーバル・コミュニケーション

　言語によるコミュニケーションは，知的な内容を理解したり，論理的に物事をとらえたり，さまざまな情報を理解する時，有効な手段となります。ニュースなどでキャスターが，淡々とその情報や内容を伝えているというのはこれにあたります。一方，非言語によるコミュニケーションは，情緒的な内容や互いの情報交換の手段として有効です。たとえば医療の現場では，患者の話すことばや内容だけでなく，からだからのサイン，たとえば顔色はどうか，声は元気があるかなどと共に，何か気がかりなことが語られていないか，体調はどうかと問診をしながら，より多くの患者の状態を知ろうと，コミュニケーションを図ろうとしています。

　言語による（バーバルな）コミュニケーションも非言語（ノンバーバルな）コミュニケーションも，私たちが豊かなコミュニケーションを築いていくためにどちらも不可欠です。ここでは，ノンバーバルと言われるコミュニケーションに意識を向けることで，私たちが本当に語ろうとすることに気づく手がかりを見つけてみましょう。

❖　五感を活用してみる

　ノンバーバルな表出を理解する手がかりとして，私たちに備わっている五感（視覚，聴覚，嗅覚，触覚，味覚）を働かせていくとよいと思います。

　視覚は外界のものや色，形，動きなどの情報を視力を働かせることで得られます。相手の動作，姿勢，顔の表情，視線，空間，生理的表出などを読み取ることができます。見るという視力的なものだけでなく注意深く観ること，観察することによって，さまざまに表出されているものをとらえることができるからです。

　聴覚は字のごとく聴くことです。まずは聞こえてくるいろいろな音に耳を澄ませてみましょう。どんな音が聞こえてくるでしょう。相手の声の大きさや話す速度，嬉しい，恥ずかしい，怒ってい

② 非言語コミュニケーションをとらえてみる

るといった感情は，声のトーンや起伏で感じとることができます。自信がなければ小さな声になったり，緊張していると声が震えたりうわずったり，耳からいろいろな音や声，気配を感じ取ることができるのです。

　嗅覚は匂いを感じ取る力です。匂いが何であるかまたどんな種類かなどを識別します。花の香りをかぐ，ワインの香りを楽しむ，香水の香りがするなど，心地よい刺激や危険な匂いを察知する力のことです。このように単にそのものが何の匂いかと識別するだけでなく，安心していられるか，居心地がよいか，危険であるかといった状況や雰囲気を感じ取ります。あいつは鼻が利くやつだという言い方などには，「隠れた事実を探る」という意味もあるようです。

　味覚は，味や素材の感触を舌で味うことができる感覚です。甘味，酸味，苦味，辛味などの味の違いを識別したり，味わったときにそのものの温度，堅さ，なめらかさなどを感じ取ります。おしゃべりやテレビに夢中になるあまり，それらの味わいを深く感じ取ることが薄れてしまうこともよく起こります。母親がおしゃべりに夢中の子どもに「よくかんで味わって食べるのよ」と言うのは，消化を促すことだけでなく，味わうことを教えています。

　また，食事中に会話もはずみ，美味しく味わいながら食事を楽しむことがある一方で，何かの拍子に，だれかが怒り出すとか，少し言い合いをすると言ったことが起こると，それまでせっかく美味しく食べていた食事が急に味気なくなってしまったというように，心の状態が味覚にも影響することがわかります。

　触覚は，さまざまな部分の感触を感じる力です。手や足などの他にも，髪，額，鼻，まぶた，唇，耳，歯，爪，そして皮膚全体からも触覚が得られます。普段はあまり意識をしていない部位でも，爪が割れたり歯が痛いという時に，からだの一部としてそこにそれが存在していることを実感します。温度差を感知する感覚や気温の変化の他に，顔が赤くなってぽっとする，恐ろしさに血の気が引いた，身震いがするという反応もします。洋服の着心地，寝具の寝心地，座り心地などの質感や，あるいは心臓がドキドキする，緊張して足がガクガク震えるなどの動感などもあります。触覚は心地良いか不快か，接触したいかそうでないか，好きか嫌いかといった感情的な反応ともつながっています。足の裏の感覚というのも私たちがしっかりとした立ち位置でいるのか，慌てているのか不安なのか，人との力関係にも影響があるのではないかと考えられます。

　五感についていくつかの例をあげてみましたが，このように見ていくと，実に多岐にわたって私たちのこころとからだはつながっていることがわかっていただけたと思います。日常的にはどれも私たちがあまり意識しないうちに感じ取っている感覚です。私たちのからだのサインはとても正直です。良いとか悪いとかの判断ではなく，そのサインを見逃さず五感を働かせ，それを手がかりにして，非言語コミュニケーションをとらえていくことは，私たちがより豊かなコミュニケーションを築いていく第一歩と言えるでしょう。

❖　**社会的感受性をのばしていく**

　さて，日常生活の中で五感を働かせて非言語

●ミニレクチャー　**ノンバーバル・コミュニケーション**

　私たちが人とのコミュニケーションをする時には，言語を使ったバーバル・コミュニケーションと，非言語によるノンバーバル・コミュニケーションがあります。

　ことばを使ったコミュニケーションは，知的な内容を理解したり論理的に物事をとらえたり，さまざまな情報を理解する時に役立ちます。一方，ノンバーバル・コミュニケーションは，情緒的な内容の情報交換に役立ちます。日常的にはあまり意識されないので，わかりづらさがありますが，私たちの「からだ」からのさまざまなサインを手がかりに意識化することで，その人が本当に語ろうとしていることに気づいていくことができる（グラバア, 2000）のです。ノンバーバルなからだの表出には次のようなものがあります。

1) 動　　作

　人は何かをしようとする時，からだを動かします。その動きが動作です。私たちは立居振る舞いやからだ全体の動きの印象からいろいろなメッセージを受け取ります。たとえば，朝仕事や学校に出かける時，時間を気にしながら，いつもよりペースを上げて，支度をしている自分がいます。この時は，テキパキとした動作になっているのではないでしょうか。逆に，休日の朝は，のんびり，ゆっくりペースでからだもそれに合わせて動いているのではと思います。また，相手によって動作を使い分けていることもしています。たとえば，人から何かを渡された時，家族であれば，「ありがとう！」と手を差し出すとか，何か別のことをしているなら「ありがとう，助かった！そこに置いておいて」と，別のことをしながら受け答えをするのかもしれません。もしこれが仕事先のお客さんとか，大切な立場の人であれば，あるいは，わざわざ届けに来てくれた友達であれば，渡されたものの扱いや「ありがとう」の伝え方も違ってくるのではないでしょうか。自分から近づいて両手で受け取るとか，深々と頭を下げてお礼を言うなど，感謝の気持ちをきちんと受け止めて態度に表わすでしょう。このように人との関係のあり方や，その時の状況によっても動作は変わってくるのです。

　顔を会わせたくない人が近づいてきたら，それとなく向きを変えたり違う方向へ歩き出すことも教えられます。怒りがおさまらずズカズカと歩く，恐る恐る歩く，そっと近づくなど，歩き方も動作の1つと考えてみると，そこにもさまざまなメッセージがあるように思います。

2) 姿　　勢

　姿勢は，からだの構え方のことです。子供のころ，小学校の先生から「姿勢を正して」と言われると，条件反射のように，胸を張って背筋を伸ばしたものです。また朝礼などで，「楽な姿勢で話を聞きましょう」と言われて，肩の力を抜いて，自然な構えに戻していたように思います。姿勢が良いとか悪いという言い方を私たちはよく使いますが，背骨が伸びている，前かがみになる，そり返っているなど，からだの構えは私たちの心構えとも密接につながっていると言えるでしょう。嬉しい時，何か気持ちが明るい時は，胸を張って呼吸も気持ちよくできそうです。不安な気持ちや悲しみの感情に襲われると，胸がきゅっと締め付けられて，呼吸も粗く，浅く，そのために自然と前屈みになってしまいます。がっくりと肩を落としている様子から，私たちは，ただごとではない何かを察知したりします。姿勢はからだ全体の動きとして私たちにその人の様子を印象づけているとも言えるでしょう。日本語の中には，からだの構えを態度や心構えとして表わしている言い方がいくつかあります。「腰が低い」とは，他の人に対して譲っている態度のことです。また，新しいプロジェクトを進めている時，相手の姿勢に対して，期待できたり手応えがある時には「前向きの姿勢」が見られると言ったりします。その他にも，「重い腰を上げて，取り組み始める」とか，消極的だったり受け身の姿勢に対して「腰が引けている」と言ったりします。

3) ジェスチャー

　話す内容を補ったりする身振り手振りがジェスチャーです。たとえば，「違う！」と言って首を横にふったり，話をききながら，「うんうん」とうなずいていたり，「大きい」と言って，その大きさを手で表わすなどです。外国語がよくわからない時に，身振り手振りでコミュニケーションが取れたと言ったりしますが，この時の唯一の手がかりは，ジェスチャーです。

　また，ほお杖をつく，髪をかき上げる，話しながら口に手をやるなどのちょっとしたしぐさもこれにあたります。

4) 顔の表情

　顔の表情から私たちはたくさんの情報を得ています。満面の笑み，穏やかな表情，顔を曇らせる，顔面蒼白，無表情などです。相手がニコニコした表情であれば，相手の嬉しい気持ちが伝わります。表情が曇っていたり，顔面蒼白であれば，どうしたのだろう，大丈夫かなと心配になります。怒った顔，怖そうな表情の人とは，あまりかかわりたくない気持ちが起こります。

　その一方で，私たち日本人にありがちなことは，無表情でいることや，反応がよくわからない時です。内心はいやだな，と思いながらもいやな顔一つしないことも多く，顔の表情と気持ちが裏腹であることも

あります。へらへらと笑っているなど，事を荒立てないための防御とも取れますが，不安や不信にも結びつくため注意する必要があります。

5) 視　　線
　視線には，ものや人をじっと直視するとか，上目づかい，目をそらす，目を配るなど，見つめる方向があります。だれがだれに向けている視線なのか，見えないけれど，その視線の方向を感じ取ることができます。
　また視線が鋭いのか，穏やかなまなざしか，ぼんやりと焦点が定まらないのか，食い入るように見つめているのか，状況によって視線の強弱もさまざまです。
　視線も人とのかかわりなどの関係や影響を表わしていて，いろいろな言い方があります。たとえば，「睨みつける」「白い目で見る」「目にかける」「目を見張る」「目がない」といった言い方があります。

6) 声の調子
　声の大きさ，話す速さ，高さ，明瞭さなど，声の調子は，その人らしさの特徴が表われています。声を聞いただけで，○○さん，とわかることもしばしばです。けれども同じ人の声も，周りの状況や人との関係によって，大きく影響されます。言いにくい雰囲気や遠慮があれば，小さな声で，ぽつぽつと話しだすかもしれません。興奮したり夢中になって，ついつい早口になってしまったとか，怒りで声が震えてしまうなどです。私たちは，大抵の場合に，視覚と一緒に声の調子についてその情報を受け取っていますが，耳から聞こえてくる声の調子がどのようであるかに注意を向けると，ことばに託された，あるいは無意識な中に表わされている思いを声の調子から思っている以上に感じ取ることができるのではと思います。

7) 触れ合い
　私たちは，人やものに対してどのように触れているでしょうか。触れられることに対してどうでしょうか。からだの接触の様子や度合いは，互いの関係がどうであるのか，どれほど互いを受け入れているのかを表わしているとも言えます。触れることに抵抗がない場合もあれば，触れるなんてとても考えられないといった場合もあります。
　肩が触れ合う，そっと手を置く，背中を優しくさする，ぎゅっとにぎりしめるなど，どのように触れているのか，気持ちを込めているのか，そうでないのか，触れた時に緊張しているのか，リラックスしているのかなどの違いもあるでしょう。

8) 空　　間
　人とどれくらいの距離を置いているでしょうか。またどのような位置関係でいるでしょうか。
　私たちは人と接する時に，この距離であれば大丈夫とか，もう少し距離をおいておこうと察知し，からだもそのように反応しようとします。親しい人の隣にいつも座るとか，知らない人とは1つ席を空けて座る，関心のあるセミナーや授業は前の席に座る，興味のない時には，目立たないようにできるだけ後ろに座るなどです。また，上座，下座などの上下関係を意識して空間を使うこともあるでしょう。

9) 生理的表出
　ガタガタ震える，顔が赤くなる，顔面蒼白になる，血の気が引くなど生理的な反応によって表われるものです。生理的表出は，喜怒哀楽の感情とも深く影響して表出されるものです。
　たとえば「近くで落ちた雷の凄さにガタガタ震えだす」「歓喜に包まれて頬を紅潮させる」「衝撃のあまり血の気が引く」「彼の前では顔が赤くなる」などです。

10) 緊　　張
　緊張によって起こるからだの反応は，声が震える，息が荒くなる，手に汗をかく，心臓が脈打つ，顔がこわばるなどがあげられます。私自身のことで言うと，人前で話をする時など，時々，急に緊張が襲ってくることがあります。「あっまずい，緊張している！」と自分の声や心臓の脈が普段と違っていることに

気づきます。実際にはどうすることもできず，その緊張をひとまず受け止めてみることにしています。しばらくすると何とか治まるのですが，緊張をほぐす対処法として，以下のことを意識するようにしています。

①緊張を受けとめてみる。声，呼吸など自分の様子について感じとる。
②緊張していることを相手に伝えてみる。
③深く呼吸をし，からだを緩める。
④関心が自分に向けられているので，周りの人に声をかけるなどして，自分から他の人に向けていく。
⑤このようなプロセスをたどっていくことで，少しずつ心臓の鼓動も鎮まり，呼吸が楽になり本来の自分の声が戻ってくる。
⑥少し時間が立ったところで，なぜ緊張したのかどこにその原因があったのかをふりかえる。

11）その他
　私たちは，その人の装いからどのような人なのかイメージします。服装や髪型，化粧，アクセサリーなどの装い，カラーコーディネートなど，その人の示す非言語的なメッセージを受け取っています。場所や目的によって，また気分にも影響されながら，私たちはどのような装いをするのか，そこにはその人の個性や考え，気持ちが表われていると言えるでしょう。

のコミュニケーションをとらえていくために，体験学習の学びをヒントにもう少し具体的に見ていきましょう。

　序章でも触れたように体験学習では，プロセスに光を当てて，そこでの自分や自分の周りで起こっていることを感じ取ることから学びます。その感じる力のことを社会的感受性と言います。他者の行動を見聞きして，その行動の原因を推測し，それに対して自分なりの反応をとる力，他者の感情を察知する能力のことです。この能力は私たちが意識していくことで磨いていくことが可能です。そのためには，こころで感じたことを感覚的にとらえるだけではなく，そこで起こっているいくつかのことがらをよく見ていくことが社会的感受性を高めていくことになります。これは，先にあげてみたノンバーバルな表出などからも見つけていくことができると思います。からだのサインは，コミュニケーションのその場で起こっていることです。五感を働かせてからだからのサインを見逃さないこと，そして，よく観察することが大事です。さまざまな自分のサイン，相手のサイン，グループの雰囲気が見えてくるでしょう。そこをしっかり吟味していくことは，自分だけでなく他者との関係をより深めていくことなのです。近年の研究の中で，集団で課題を達成する時の成績は，個人の知能の高さには無関係で，社会的感受性の高い人々の集まった集団でより好成績をあげていることが言われています（Woolley et al., 2010）。個人プレイではなく人と人との関係の中で発揮する社会的感受性の活用が注目されています。

③ Tグループと感受性

　私たち Seeds の活動は，ラボラトリー方式の体験学習という人間関係トレーニングがベースになっています。その中でTグループは，体験学習のすべての研修の核となるものです。その理由はTグループが自分自身の感受性や対人関係能力，人間に対する深い理解について充分に吟味する体験的な学習の場であるからです。

　現代社会は，急激な情報交換の発達によって，個を確立することを目指す時代から皆が相互に結びつく社会へと向かってきていると言えます。たとえばFacebookの利用が世界中に広がり，アラブの春では，国を動かす原動力にもなりました。ミャンマーの民主化の動きなど，世界が平準化の方向へ歩みを始めるなど，相互の交流が活発になるにつれて，個人が独りで何ができるかを求めることよりも，集団で何ができるのかに社会の注目が移ってきています。そのような理由からも，私

たちがさまざまにつながる関係の世界で生きることはどういうことであるのか，それを集団という関係の中で体験的に学ぶことが求められる時代であるのです。

Tグループのアプローチは，「今，ここ」で起こる個と集団の関係の中に，誠実に生きようとする人間尊重のグループワークです。社会的感受性を磨き，そこから信頼に値する関係づくりに取り組む場として，有効なTグループについて取り上げてみます。

まずは，Tグループがどのようなものか，歴史と概要を見ていきましょう。

❖ Tグループ（Training Group）の歴史

Tグループの誕生のきっかけは，1946年，グループ・ダイナミックスの研究者として有名なK. レヴィンを中心とした研究者たちが米国コネティカット州で開いたワークショップにあるとされています。州の教育局から依頼を受けたレヴィンら研究者たちは，ソーシャルワーカー，教育関係者，企業人，一般市民などを対象とした人権問題に関するワークショップを開催しました。このワークショップは，講義やグループ討議，ロールプレイングなどを取り入れたものでした。1日のプログラムが終わったところで，スタッフ（研究者や観察者）のミーティングに，学習者であるメンバーが観察者として加わることとなり，スタッフによるメンバーの行動の分析や解釈に対して，一人のメンバーが異議を唱え，それに対して他のメンバーも補足するなど，グループの中で起こっていたことに対して相互に認識のズレがあることがわかりました。メンバーも加わった話し合いは3時間に及んだようですが，その話し合いでは，その場その場で感じたり気づいたことやこころの動きを率直に出し合うことによって，本当のグループのプロセスが明確になり，自分や他者，グループの理解を深めていくことができたのです。その後すぐにレヴィンは急死しているのですが，このワークショップでの出来事がヒントとなり，彼の遺志を受け継いだ仲間たちによって，翌1947年メイン州，ベセルにおいて，Tグループが開催され，その後NTL（National Training Laboratory）で，継続的に開発され，現在 Human Interaction Laboratory と言う名称で実施されています。1950年代半ばには日本人もNTLのプログラムにメンバーとして参加し始めているという記録があります（山口, 1989）。

日本では，1958年，世界キリスト教協議会が主催して第1回教会集団生活指導者研修会（Laboratory on the Church and Group Life）が山梨県清里で開催されました。記録によるとこの研修会は，NTLでのTグループを中心としたラボラトリー方式の「人間関係訓練」を教会生活の革新をめざして日本の諸教会に紹介するという意図もあったようです（中村・杉山・植平, 2009）。全米聖公会教育局の支援により，トレーナーはアメリカ，カナダの聖公会からの指導者が参加し，約2週間の日程で英語で行われ，これが日本での本格的なTグループの始まりになりました。

この研修でも，従来の講義形式でない体験学習を取り入れて行った研修会のインパクトが大きく，その影響を受け1962年4月立教大学キリスト教教育研究所（JICE）が設立されました。日本でのTグループやラボラトリー教育の実践がJICEを中心に本格的に始まり，ヒューマン・リレーション・ラブという名称で，Tグループの実践が重ねられました。

産業界では1960年代から変革志向の組織観や体験学習方式による管理者研修が注目を集め始め，コンサルタント会社などでTグループをはじめとするさまざまな感受性訓練が行われました。ブームとさえなった研修の中には，残念なことに人間尊重から外れたような非人間的な人間操作が行われたこともあり，70年代の半ばには流行は治まりました。

さて，1972年には，私たち Seeds の母校である南山短期大学に人間関係科が創設され，翌1973年から大学高等機関におけるTグループの実験的な試みが始まっています。1977年には，地域社会に対してユニークな学習の場を提供するための研究機関として，同短期大学人間関係研究センターが発足されました。社会人を対象としたTグループは，1987年から開催されています。2000年南山短期大学人間関係科が南山大学心理人間学科へ改組されたことにより，同時に南山大学人間関係研究センターが発足，その後も継続的

に同センターにおいてTグループの研究と実践が行われています。

Tグループの研究や実践を行っている主な団体を紹介しておきます。

- 日本ラボラトリートレーナーの会
- 南山大学人間関係研究センター
- 聖マーガレット生涯教育研究所（SMILE）
- ヒューマンインターラクションラボラトリー（HIL）
- グループトレーニング研究会
- ヒューマン・コミュニケーション・ラボラトリー（HCL）

❖ Tグループの特徴と目的，すすめ方

Tグループとは，トレーニング・グループ（Training Group）の略です。広義としては，Tセッションを中心にしたグループアプローチ全体のことを意味し，「Tグループ」「ヒューマンリレーションズ・ラブ」「Tグループトレーニング」などと呼ばれています。日本に導入された初期の頃には，感受性訓練とも言われていました。狭義としては，研修プログラムの中に入っているTセッションそのものを指しています。

Tグループは，10名前後のメンバーと2人のトレーナー，必要に応じて1人のオブザーバーで構成されています。Tセッションでは，あらかじめ決められたテーマや実習，課題はなく，自由に話し合いがすすめられていきます。「今，ここ」で起こっている個人レベルのプロセス（自分がどのように行動したり考えたり感じているか）や他者との関係の中のプロセス，さらにはグループメンバーの中で起こっていることが学習の素材となっていきます。Tセッションの中では，メンバー一人ひとりの生き方や感情，意思を大切に扱い尊重していくなかで，自分が自己や他者にどのようにかかわれるのか，自己理解，自己成長に向けて試みる場となります。またグループメンバーとどのようにかかわっていくのか，グループに起こるさまざまな働きかけやコミュニケーションを通して，対人間関係能力を引き出すアプローチをめざしていきます。Tグループは，そこで体験する出来事の中から自分の感受性を磨いていくトレーニング体験だと言えるでしょう。Tグループのトレーナーは，参加者の学びの場を提供するだけでなく，おなじTグループの場を共有していきます。その意味でリーダーや指導する人ではないということも，特徴的なことです。

研修の始めには，参加者に対してTグループの特徴や歴史的な背景，すすめ方やねらいが提示されたり，また自己紹介を兼ねて互いの参加動機などをわかちあう場がもたれるなど，その時その時の方法が準備されています。この段階では，プログラムの大枠は決まっているのですが，メンバーやグループの状況に応じて一日ごとにその日のスケジュールが検討され，メンバーに提示されていきます。プログラムは，小グループによるTセッションの他に，全体会，自由時間，夜の集い，食事，睡眠時間などで構成されています。

Tセッションは，場所と時間，メンバーは決められていますが，そこで何をするのかなどの決められた課題はありません。全体会は，Tセッションとは違った状況の中で，自分や他者，グループの動きに気づいたり，他のグループとのかかわりを通して気づきや学びを深めていきます。開会や閉会，グループワークやコミュニケーションの実習，ノンバーバル・コミュニケーションや自己表現などの実習，Tセッションや全体会での体験を一般化するための小講義，Tグループの気づきや学習を参加者が日常生活に適用していくためのふりかえりなど，グループの状況に応じてプログラムの中に取り入れられていきます。

夜の集いは一日の最後に設ける短いプログラムです。Tセッションの中味の濃い話し合いやかかわりは，精神的な負担も大きいものです。知らず知らずに，こころが疲れていることもあり，一日をふりかえり，"ひとり"静かに過ごすことのできる貴重な時間として用意されています。ここではことばや音楽，短い映像などによって一日の出来事や自分自身を静かに瞑想します。

フォローアップミーティングが行われることもあり，3，4ヶ月後にメンバーやトレーナーと再会をして，Tグループでの学びがその後の日常生活の中で，どのようになっているか，現在抱えている疑問や課題などを互いに共有したりします。

❖ **個の存在，共存ということ**

　Tセッションの中では，自分やメンバーに，またグループの中にたくさんのさまざまなことが起こってきます。起こった分だけ，いやそれ以上にいろいろな気づきがあると言えるのですが，Tセッションでは，決められていることは時間と場所とメンバーだけです。それ以外は何も拘束されていない状況で，自分はメンバーとどのようにかかわっていくのか，どのように居たらよいのか，試行錯誤の連続です。長い沈黙が起こるような状況に不安な気持ちを抱いたり，居心地の悪さやそこに居ることを辛いなと感じたり，けれども自分から話し出すほど勇気がない自分がいたり，誰かが言ってくれるまで待とうと思っている自分がいたりもします。自分がメンバーやグループの中にどれくらい受け入れてもらえるのかといった受容懸念も起こってきます。沈黙の中でグループが硬直したり，緊張している場合は，特にその気持ちが強くなってきたりします。何かのきっかけで，あるメンバーが自分を正直に語っていくようなことが起こり，そのことに共感してくれるメンバーがいて，互いに少しわかりあえたという実感をもてた時は，そこに信頼関係が生まれ，受容懸念も低くなっていきます。

　星野（1989）は，Tグループで大切にされている考え方の中に「個の尊重」「共存ということ」があると述べていますが，このことはTグループが，個（自分）とメンバーが相互に作用しながらさまざまにTセッションが進んでいくことを意味しています。そこでは，個々のメンバーが受容懸念を抱きながらも，自己開示をしたり相手からのフィードバックをもらいながらメンバーやグループにかかわっていこうとします。個々のメンバーのアプローチは一人ひとり違っていますが，その一つひとつの中にその人自身の大切な思いがあるので，大切に扱われていかなければなりません。そして五感を働かせて，さまざまなサインを受け取ってみることに意識を向けると，メンバーの様子などを理解する手がかりになっていきます。メンバーが本当に語ろうとする正直な気持ちが，それらのサインに託されていることがあり，そのことも大切にされていく必要があるのです。

　また，Tグループの中で，トレーナーやメンバーが互いにどれほど，共にいられるかということも大切なことであり「共存ということ」は，相手に同調することではなく，互いに自分を保った存在として認め合い，頼り頼られる存在＝相互依存（interdependent）の関係であることを意味すると指摘しています。Tセッションがある程度回を重ねていくと，自分の気持ちを正直に語ろうとすることが起こったりします。たとえば，「このグループの中で，私は参加できていないような実感がある。熱心に関わろうと思ってもうまく伝わらない自分がいるようだ」とか，「空回りしているようで，なかなか自分は変われない」というような正直な表明に対して，メンバーも自分の問題として受けとめ，その気づきを互いに深め援助していこうとすることです。この時，他のメンバーから「私も自分のことを伝えていくのは難しいと感じている」という反応を返してくれることがあれば，そのように思っているのは自分だけではないことに気づくことで，自分自身はもちろん，メンバーやグループに対して少なからず変化が起こります。また「どのような時に空回りと感じたりするのか」という問いが他のメンバーから起これば，なぜそのように感じるのか，共にTセッションを過ごしているなかでの様子や言動から，解決の糸口は見出せないだろうかと一緒に考えていこうとする働きかけが起こるかもしれません。自分がこの人のために何ができるのかということを本気で考え，そして本気でかかわろうとすることから得られるものは大きく，互いがその存在を受けとめ，頼り頼られる相互依存の関係であることを強く意識化していくのです。このようにプロセスを重視しますから，こうした方が良いとか，このように変わるべきだというような操作的なことがあってはいけないということにも留意する必要があるでしょう。

　また，Tグループの中で，グループがだんだんと成熟し成長していくことも興味深い事実です。最初の段階は，個々のメンバーにとって手探りの状態でTセッションが進んでいきます。自分やメンバー，グループに起こるさまざまな不安や葛藤を乗り越えていくことで，徐々にそれらの不安や懸念は取り除かれていきます。そして自分がグループに受け入れられている実感やグループを構

成する一人ひとりのあり様を誠実に尊重していこうとするグループの動きが生まれてきます。それは，Tセッションの経過の中でグループメンバーが築いてきたものであり，グループがめざそうとする力です。個々のメンバーとグループが共に影響し合い，働きかけ合いながら，グループの中で，個もグループも尊重され活かされていくことをめざしていくのです。

✥ 日常に活かすために

　Tグループについて，実際のTセッションの中で私たちが大切と考える事柄をいくつか述べてみました。繰り返しになりますが，Tグループは，個と集団の関係の中で，私たちが人と出会い，誠実な信頼関係を築いていこうと願う時の大切なアプローチです。相互の信頼関係が深まっていくまでのプロセスには，メンバーやグループには，たくさんのことが起こってくるわけですが，時にメンバー同士の距離がぐっと近くに感じられたり，遠くに離れてしまったり，相手からのフィードバックが嬉しく感じたり，逆に傷ついたりと，Tグループでの体験は，私たちの日常の一面でもあるのです。

　大抵の場合は，やっかいだからやめておこうとか，この辺でとどめておこうというように，物事や人に対して，一定の距離をとってかかわっていこうともします。それも自分を守る1つの方法ですので，良いこと，悪いことと分けて考えるのではなく，もし私たちが信頼関係を築いていこうとする時には，Tグループで駆け巡った感受性や感性を指針として，人との関係を築いていくことが大切ではないかと思います。言い換えれば，感受性を育み感性を磨いていくことは，「今ここ」を正直に生きることに他なりません。

文　献

内田伸子［編著］(2012). 女性のからだとこころ—自分らしく生きるための絆をもとめて　金子書房

Woolley, A. W., Chabris, C. F., Pentland, A., Hashmi, N., & Malone, T. W. (2010). Evidence for a collective intelligence factor in the perfomance of human groups. *Science*, 330, 686-688.

カーソン, R. L. ／上遠恵子［訳］(1996). センス・オブ・ワンダー　新潮社

グラバア俊子 (2000). 新・ボディーワークのすすめ—からだの叡知が語る私・いのち・未来　創元社

グラバア俊子 (2013). 五感の力—未来への扉を開く　創元社

津村俊充 (2012). プロセスエデュケーション—学びを支援するファシリテーションの理論と実際　金子書房

中村和彦・杉山郁子・植平　修 (2009). ラボラトリー体験学習の歴史　人間関係研究　南山大学人間関係研究センター

西原廉太 (2010). 聖公会が大切にしてきたもの　聖公会出版

星野欣生 (1989). TグループQ&A　人間関係, 7, 179-188.

星野欣生 (2003). 人間関係づくりトレーニング　金子書房

星野欣生 (2007). 職場の人間関係づくりトレーニング　金子書房

メラビアン, A.／西田　司［他共訳］(1986). 非言語コミュニケーション　聖文社

文部科学省 (2009). 子どもの発達段階と家庭教育の課題

山口真人 (1989). Tグループ　人間関係, 7, 179-188.

山口真人・伊藤雅子 (1997). 人間性教育を支える学習共同体の育成—人間関係研究科の教育理念と共同体づくりの柱について　人間関係, 15, 1-25.

4 関係の中で自分を育てるとは

あなたは生まれ育った地域でずっとくらしていますか？ 私の場合夫の転勤のため今までに7回ほど引越しをしました。そのたびに住み慣れた場所を離れ，仲良くしてもらった人と別れ，一から新しい関係を始めていくことを繰り返してきています。誰も知り合いのいない場所で家事・育児・仕事をしていかなくてはならない時，そこでの人間関係をいかに構築していくことができるかが課題となります。ことばや風習の違い，時代の違い，教育環境の違いなどがあり，最初は非常に戸惑いました。私たちは誰もが，進学，就職，結婚などのライフイベントに伴い新しい環境で生活をしていかなければなりません。そこでは新しい人間関係を築いていくことが起こってきます。この章では，新しい環境で人とかかわっていくにはどのようにしていけばいいかを取り上げてみました。

また，環境の変化に直面したとき，あるいは人との関係に悩む時，自分がどのように動けるか，個人対集団のなかでの自身や他者の動きと互いが影響を及ぼし合うことで起こってくる事柄に着目してみます。自分自身の成長とともに，互いが支え合うような関係性をつくりだす可能性についても触れていきたいと思います。

① 人と関係を深めるには

❖ まずはあいさつから

私たちは人に出会ったときに「あいさつ」をします。「おはよう」「こんにちは」そのあいさつ一言で最初は緊張していたこころが少しほぐれてきます。そして徐々に相手とことばを交わして初めて自分の考えや思いを伝え合う関係になり，互いの距離も縮まっていきます。そうして何回か顔を合わせているうちに関係も深まってくるとプライベートなこともどんどん話すことができるような関係になってきます。

あいさつの次に日常で初対面の人と話す典型例がお天気の話題です。「今日はいい天気ですねぇ」の一言がきっかけで会話が始まっていくことを経験されている方も多いのではと思います。互いの関係がそれほど深まっていない時にスムーズに会話をすすめるのにお天気は最適な話題と言えます。そんな気軽な話題がきっかけとなり知り合っていくことができます。そして知り合って間もない時期には「あなたは○○の出身ですか？」「あなたは△△を知っていますか？」のような「ハイ」「イイエ」で答えられる質問なら相手も答えやすいものです。このような質問は互いが知り合い距離を縮めていくには有効な問いかけでしょう。考えてみると私たちの対話の慣習は，人との関係のあり方のレベルに応じてなされていることがわかります。

ところで私は何回かの引越しをしたなかで，関係のもてていない他者とのやりとりに少し疲れたことがあります。以前同じ社宅だった人と偶然また同じ社宅に引っ越して出会った時のことです。顔見知り程度で非常に親しくしていたわけでもない彼女に，ある日いきなり娘の学校での成績，習い事，志望校から，夫の収入やローン金額などについて質問攻めにあい，閉口してしまいました。私ばかりが答える状況に陥り，困ってしまい途中で会話を打ち切ったことを覚えています。お互いの関係ができる前に，あれもこれもと私的なことにまで及んだ質問を受けたので，尋問されている気分になり会話をしようという気が萎えてしまいました。私が顔見知りと思う以上に，彼女は私のことを友人の一人と思ってくれたのかもしれません。あるいはもっと知り合いになりたい気持ちの表われだったのかもしれません。しかし，聞かれた方の私の気持ちとはズレていて困惑してしまいました。

私たちは人とより深い関係を結んでいきたいと

思う時，相手に対して興味をもち，相手を知ろう，理解しようという気持ちをもちます。そしてその時は相手も自分も大切にし，互いの距離感を確かめながら関係を結ぶための第一歩を踏み出していきたいものです。

✥ 自己開示とフィードバック

では私たちが他者との関係を深めていく過程について見ていきましょう。(序章でも触れましたが)対人関係の気づきのモデルに「ジョハリの窓」があります(☞序章5頁)。この図では私が他者と出会った時，私と他者との関係には4つの領域があることを示しています。この4つの領域を開けたり閉めたりする窓にたとえてみましょう。「4つの窓」を通して私たちは他者とのかかわりをもっているとしたら，この窓は絶えず状況によって変化するものととらえることができます。

それではこの「ジョハリの窓」の「開放の領域」と「隠している領域」に注目してみましょう。私たちはおそらく互いの会話のなかで「私だったら……するけど」とか「私も……だったわ」のように自分自身が経験したことや意見を言う場面に多々出会うことでしょう。これを「自己開示」と言います。この自己開示は私についての考えや意見，時には自分の思いや感じたことを相手に伝えることでもあり，まず初めにコミュニケーションの環境をつくっていくものとなります。自分自身について相手に率直に伝えることにより，「開放の領域」が「隠している領域」へと広がっていき，「開放の領域」の窓は大きく開かれます。互いに知り合い，多くの情報を共有すると，「開放の領域」で自分も他者も知っているありのままの自分でいられ，安心して関係を結んでいけます。ただし，自己開示はむやみやたらに自分自身を相手に出していく，たとえば過去の打ち明け話や秘密の悩みを話していくことではなく，今，自分がどんな感覚でいるか，どんなふうに感じたかを正直に伝えていくことです。「私は……と感じました」などはそれにあたります。また今はここまでは言ってみようかなとの思いから，その時どうしても伝えたいことだけを選択して相手に話していくこともあるでしょう。その場の状況や相手との関係において，自分自身をきちんと相手に伝えていくことが，相手と関係を築き，お互いの関係を調整し，より信頼を深めていくことになります。

次に「開放の領域」と「盲点の領域」に注目してみましょう。「盲点の領域」は(5頁の図序-3)からもわかるように，私にはわかっていないけれども，相手にはわかっているという"私には見えない私"です。これを他者から「私はあなたのことをこんなふうに見ていました」とか「このように感じましたよ」と鏡のように自分自身のことを伝えてもらうと，他者に見えていて自分には見えないものを知ることができます。他者の率直な自己開示で起きるプロセスを「フィードバック」と言います。このフィードバックを鏡にたとえてみます。私たちは化粧をする時に自分の眉毛の形を鏡を見ることで確認することができます。ちょっといつもと眉毛の形が違っていても，そのままを鏡は写し出します。それを見て気づきが起こり修正したり，意外にこれも似合うかもと感じたりします。こんなふうに人と人とのかかわりも，そのままを鏡のように伝え合うことで気づきが起こり，自分の知らなかった一面を知ることができます。それにより開放の窓がより広がっていきます。

✥ 成長のためのフィードバック

では次にフィードバックについて具体的に述べてみたいと思います。

ラボラトリー方式の体験学習では，「今，ここで」の人間関係において，各人の行動が他者にどのような影響を及ぼしているかなどの情報を提供したり，受け取ったりする相互交換のプロセスがフィードバックです。そしてそれは個人やグループが成長するためのものであり，伝え合うことが，お互いの関係をより深めていくことにもなります。

私たちは互いに違ったものの見方，感じ方，価値観，行動規範をもっています。その違いに直面した時，それが単なる誤解や思い込みによるものか，価値観や感じ方の違いなのかをはっきりさせることがまず必要になってきます。そうした時，互いにフィードバックをして，つまり相手のことばや態度などを自分はどのように感じたか，どのような影響を受けたかを率直に伝え合うことによって明確になってきます。この時事実と

して実際に起こった相手の言動を客観的なことがらとして伝えるとわかりやすいフィードバックになります。たとえば「指で机をトントンたたいていますね。私はあなたがイライラしているように思い，話しかけにくかったんです」と言われると，指で机をトントンたたいている事実に対して，感じたことを表明されていて，相手にもわかりやすくなります。このように具体的にフィードバックされることで自分自身では気づいていない自分の姿（＝指で机をたたくクセ）について教えてもらうことができ，さらにそれが相手にどんな影響を与えたかを知ることができます。人によっては自分の予想もしなかったフィードバックをもらい戸惑うこともあるかもしれません。しかしより多くの人が感じていることならば，そこに自分では気づいていない課題があるのかもしれません。それを知ることで自分のあり様を模索し続けることが，一人ひとりの成長につながり互いの関係を深めるうえで一つの助けとなるでしょう。そしてフィードバックで自分が感じたありのままを伝え，それを受け入れてもらう体験を重ねていくと，本音でものが言える関係へと発展していくことができます。

このフィードバックの例として私には次のような経験があります。以前参加した講座でのことです。6人グループで指示された課題を解決する実習でした。私の苦手な図形の課題だったため，困ったなという思いが先にたち，思わず「あぁ，どうしよう。わからないなぁ」と口走ってしまいました。それを聞いた同じグループの女性から「あなたがそんなこと言ったら不安になっちゃうわ」という発言が起こりました。私は私の"困ったな"という思いの言動が他のグループメンバーを不安にさせてしまったことを知りました。そこで「図形が苦手なので，困ってしまって…思わず『わからないなぁ』と言ってしまいました」と彼女に伝え，私が図形が苦手で困っていることをわかってもらいました。「自分が不安になる」という彼女の率直な自己開示が，私の発言の影響を知るフィードバックとなったのでした。さらに図形が苦手という私の発言を受けて別のメンバーから，「図形は得意なので，課題解決に何か役に立てるかもしれない」という発言が起こり，課題に取り組みやすくなったのでした。

グループ内で安心してフィードバックができる，つまり互いにその場で感じたことを伝えられるようになると，グループとして成熟してくると考えられます。そこでフィードバックの効果として以下の3点をあげてみます。

①その人の思いが素直に行動として表れるのを助け，ダブルメッセージ（☞3章33頁）になるのを防ぎます。

たとえば，「ごめんなさい」ということばをブスッとした表情で言われても，謝られた気がしないものです。そのことばをどのような意味として受け取ったらよいか困ってしまいます。どのように見えたかという事実を伝えるフィードバックができたら，意図と行動が一致することができるようになるでしょう。

②自分と相手との関係をより明確にすることを助けます。

友人が自分の意図しないような行動をして困ってしまった時，「あなたが……したことで私は困っているけど，あなたのことは気がかりだわ」と伝えることで相手本人に対して評価をするのでなく，相手のとった行動に対しての思いを伝えることになります。

③新しいことにチャレンジしていこうとするとき，その行動に対してフィードバックをすることは，その人を支援したり，新しい行動を試みることを助けます。

いつも率先して意見を述べてみんなをひっぱっている人が，他のメンバーに意見を求め，他者をサポートしていこうと行動した時，それに対してどのように感じたかをフィードバックしていくことは，その人の新しい行動を支援していくことにつながります。

しかし，私たちは葛藤を避けるあまり，自分自身の感じたことを相手に伝えずに済ませてしまうことがあります。

フィードバックは日常自分が人とどのようにかかわっているかを知るための手がかりになります。自分のコミュニケーションの特徴やクセを知ることができるので，それをふまえて自身のコミュニケーションのあり方を点検し，相手との信頼関係をつくりだしていくヒントにしていきましょう。

> ● **ミニレクチャー**　フィードバックの留意点

効果的なフィードバックを行うための留意点として以下に7つをあげます。

1）記述的であること

相手に何かメッセージを伝える時は，「良い，悪い」「価値がある，ない」などの評価を含まず，できる限りその行動を記述するように伝えることです。たとえば，「あなたは支配的ですね」というような評価的で，ある価値観に基づくようなフィードバックではなく，「私があなたに質問しようとした時，他の人を見て，ことばをかぶせるように自分の意見を主張しましたね」というように言うと，受け取る人は事実に気づくことができます。そこから先，このことをどのように考えるかは，フィードバックを受け取る人に任せることが大切です。評価的なことばづかいを避けることによって，相手がそのことを受け入れられなかったり，他の人や物のせいにしたくなったりするのを避けることができます。

2）「私は……」のメッセージであること

「一般的には」「常識的に言って」と言った一般論ではなく，「私はこのように感じました」「私はこんなふうに思いました」のように，「私は……」で始まるメッセージで伝えるようにすることが大切です。私の考えであることが明確になり，自分がフィードバックをしていることに責任をもつことにもなります。

3）時制がはっきりしていること

フィードバックを明確に伝えるためには，時制に注意することです。伝える人が，ある特定な時点の具体的なことがらをあげることが大切ですが，それをどう感じたのか，今感じているのか，これからこうあってほしいと願っているのか，過去・現在・未来の時制を明確にすることで，相手が受け取りやすいフィードバックになります。

また，「私が『今ここ』で感じていること」を伝えることは，「私はあなたからこうした影響を受けた」ということを相手に知ってもらうことになります。しかし，それは，「いつでもどこでも，あなたはそんな人なのですね」といった意味で言っているのではありません。「『今ここ』ではこのように感じる」と伝えているだけであり，そのことを受け取った相手が，自分のいつものパターンなのか，たまたまなのか，自分で考えるヒントにしてもらえばよいのです。

4）必要性が感じられること

フィードバックの送り手も受け手もそれを必要としていることが大切です。フィードバックの送り手が，相手に対してとにかく言いたいことをぶつけてその場を終わらせてしまうと，受け手の存在を無視した行為になり，フィードバックが受け手に伝わらなくなる可能性が高いと言えます。またフィードバックは無

フィードバックが自由に行える関係やグループの風土をつくり上げたいものです。

② 私たちは期待される像で生きている

✥ 他者が見ている私，自分が思う私

私たちは人と出会った時，相手の態度や言動などで相手がどんな人なのかを判断しようとします。それは瞬時に行われており，相手に対してなんらかの印象を残します。よく第一印象と呼ばれるものです。たとえば相手の顔や表情，自分と話していて楽しそうか，つまらなそうか，自分と同じ年代だろうか，違う年代だろうか，ハキハキしゃべる人か，ボソボソ話す人かなど，いろいろな特徴を見て判断しています。そしてその印象を基にして私たちは相手がどんな人物かを探りながら，関係をつくっていきます。

それがしばらく続くと当初の印象が変化したり，相手に対して特定の反応を期待するようになります。それは1対1の関係だけでなく，グループのような集団の中でも起こってきます。そうなるとグループの中でのメンバーの役割が決まってきて

理に相手に提供するのでなく，相手が求めているときに行うことが大事です。フィードバックの受け手が，その場にいる他者に自分について尋ねる時，最も効果的なフィードバックになるでしょう。たとえば，グループ活動の後,「今の活動で私の○○という行動をどんなふうにあなたは感じましたか？」というように,自分の気になっていることを尋ねることもできるでしょう。

5）行動の変容が可能であること

フィードバックの受け手がその内容から自分の行動を修正したり，コントロールできることが大切です。たとえば，受け手がどうにもできないような見た目の姿について言われても困ってしまいます。また過去のある時点についてのことを，たとえば「私がこう言った時に賛成してくれなかったことが哀しかった」と後で言われてもこれも行動を変えることができません。

6）適切なタイミングであること

フィードバックは適切なタイミングでなされると効果的です。その人が行動を起こした直後，より早い時点で行うことが望ましいのです。「今は我慢して，後で同じことがあったら言ってやろう」と，自分の気持ちや感情を溜めてしまうことがあります。だいぶ時間が経過してから，次から次と以前のことをひっぱりだして爆発したようにしゃべりだす人がいますが，こうしたフィードバックはあまり有効なものにはならないものです。受け手にとっては，思いがけないことであり，かえって伝え手に対して反発を感じさせる可能性があるからです。

7）伝わっているかどうかの確認をすること

せっかく相手にフィードバックしても，内容を誤解されていては意味がありません。伝え手の言いたいことがきちんと相手に伝わっていないと有効なフィードバックになりません。そこでフィードバックの伝え手は相手に自分の言いたかったことが伝わっているかどうかを確認してみることが大切です。それを確認する1つの方法として，フィードバックの受け手に，その人自身がどのようにそれを受けとめたかを，ことばで伝えてもらうことで一致しているかどうかを点検することができます。

＊多くの人からのフィードバックを受けること

フィードバックをする際，送り手も受け手も，グループメンバーと一緒になってそのフィードバックの正確さを点検する必要があります。必ずしも一人のフィードバックがすべて正確であるとは限りません。そのフィードバックが一人だけの印象なのか，他のグループメンバーにとっても共通なものかどうかを確認してみることも必要です。さらに誰かからフィードバックをもらった時に,「そうか，私の気づかないところを教えてくれたのね。受け入れよう」とか「そう言われても困ったなぁ。今の私にはちょっと受け入れられないわ」と，あくまでも受け手の方にフィードバックを受け入れるかどうかの権利があります。

いることも考えられます。一方私たちは自分に対して「私が……です」や「私は……できます」のように自分はこんな人間だというものをもっています。いわゆる自己概念と呼ばれるもので，これはあとの5章や6章で詳しく説明されます。自己概念は,「私が（は）」を主語にした文章で表わすことができます。私たちは自分が思う私をもちながら，他者が認識している自分を自分として取りこんだり，違う場合に拒否したり，驚いたりしながら他者との人間関係を築いています。

たとえば，女性の場合結婚するまでは旧姓で「○○さん」と呼ばれますが，結婚をさかいに「△△くんの奥さん」や「△△家のお嫁さん」と呼ばれます。そして子供が生まれ，公園デビューする頃になると「××ちゃんママ」と，呼ばれ方が変わってきます。本来は○○という個人ではあるのですが，呼ばれ方が変わることでその人間関係の中では，知らず知らず役割を背負って行動するようになります。その他者との関係や社会的役割は，自己概念に影響を及ぼし相互作用を生み出していきます。

そこで個人と集団が互いに影響を及ぼし合うそ

の過程とメカニズムについて述べてみます。

❖ 人は自己概念に基づいて行動する

他者への認知と自分自身への認知を基にして，私たちはグループの中で相互作用を行って，影響を与え合っています。これを社会的相互作用の循環過程（リピット，1982）と言います。日々の生活でいろいろな役割をこなしている私たちですが，身近な例を挙げてこの社会的相互作用の循環過程について考えてみます（☞ミニレクチャー「社会的相互作用の循環過程」）。

【事例：ママさんバレーチームの出来事】
A子さんは近所のママさんバレーチームに参加しています。彼女は補欠ですが練習後の片付けや掃除も率先して行っています。キャプテンでレギュラーのB子さんは，練習後も一人特訓してバレーにうちこんでおり，A子さんが片付けや掃除を黙々とこなしているのを知っています。補欠のC子さんは最近チームに加わったのですが，上達が早く器用に技を使いこなします。もうすぐ大会があり毎日の練習も力がはいっています。しかしB子さんが練習中に足をくじいてしまいました。

A子さんの内的過程
①**自己概念・自己イメージ・自己についての感情**　A子さんが「私はバレーは好きだけどちっとも上達しないのよね。きっと今度の試合もまた補欠だわ。でも一度試合に出てみたいな」。
②**意　図**　自己概念などによる自分の考えからグループの他者に対して行動を起こす意図を生み出します。他者に向けての行動を考えます。A子さんのとる行動はバレーが上手か上手でないかという視点でとらえることができます。
「みんなも下手くそな私が試合に出て足をひっぱるより，C子さんが活躍してくれることを望んでいると思うわ」。
③**行動のアウトプット**　A子さんは，具体的な意図に基づく行動を起こします。
「C子さん，今度の試合私の分もガンバッてね！ベンチで応援してるから」と声かけをします。

B子さんの内的過程
A子さんの行動は，B子さんの知覚のスクリーンを通して意味をもつものとしてとらえられます。
④**認　知**　B子さんの期待などと一致しているか，違っているか査定されます。
「A子さんは練習も休まず熱心にやっているし，後片付けもいつもしてくれてるし，私の代わりに試合に出て欲しいけど，やっぱり試合に出る気はないのかしら……」。
⑤**反応への意図**　査定の結果，他者に対して行動を起こす意図を生み出し，他者に向けての行動を考えます。
B子さんは「A子さんは今度の試合を応援すると決めているようで，試合に出場する気がないみたいだわ」と考えるようになります。
⑥**行動のインプット**　A子さんを含むチームメイトに向けての行動が起こってきます。
B子さんは「次の試合は私の代わりにC子さんに出てもらいたいのだけど」という発言をしました。
この発言はA子さんにとって行動のインプットとなり，自分自身がもっているものの見方"知覚のスクリーン"を通して意味をもつものととらえ，自分の行動の他者への影響に関して予測を確証したり，予測がはずれた場合は自己概念を修正したりしていくことになります。

A子さんの内的過程
⑦**認　知**　「せっかく今まで練習してきたけど，やっぱりまた補欠だわ。どうせ私なんてバレーを練習してもうまくならないのよね」とA子さんが思ってしまい，バレーの試合で補欠としてチームを応援しているA子さんのいつものパターンが強化されることになります。

③ かかわりの中での成長と支え合い

❖ 肯定的自己概念をつくるには

私たちは家庭，職場，学校，地域など，そこで暮らす人々（集団）とかかわりをもって生きています。そこでのかかわりは最初の出会いから始まり，互いに微妙に距離をとりつつ「私はこう思うの」（自己開示）や「私にはあなたがしたことを

こんなふうに感じました」（フィードバック）と伝え合うことで，ジョハリの窓の開放の領域を広げ，安心してものが言える間柄をつくっていきます。この時ありのままの自分を受けとめてもらったり，相手を受けとめる経験をすると互いがより深い関係へと向かっていくことができます。

ミニレクチャー「社会的相互作用の循環過程」の中で，固着化から抜け出す選択肢でも述べるように，A子さんが自ら率先してチームメンバーに「もし今度の試合で少しでもチャンスがあるなら出場させて欲しい」と言ったら，A子さんとチームメンバーの関係はどうなるでしょうか。補欠のA子さんがベンチでメンバーを応援しているといういつものパターンから抜け出すことができる可能性があると言えるのではないでしょうか。そうすることで固着化から脱却でき，自分が自己

●ミニレクチャー　社会的相互作用の循環過程

　自分自身が肯定的な自己概念，自分はこれでいいし，こんな自分も私だわと思えるものをもっていると，いつものパターンである肯定的な自己についてのフィードバックを引き出し，自己概念を確証し続けるというサイクル内に留まります。この肯定的自己概念をもっていないとコミュニケーションを歪めることになります。自分自身を，グループ内で能力がなく，自信をもてないと感じており，他のメンバーもそのように見ていると考えているとします。その場合自分の行動は他者にとって重要なものでなく，大切には扱ってくれないだろうと思ってしまいます。よく「私なんて……ダメだわ」と言うのを聞いたことがありませんか？　「私なんて」と思っていると自分を低く見てしまい，人と接することを避けていくようになります。また人から褒められても素直に聞くことができず，人とかかわりをもつことから遠ざかってしまうと言えます。図4-1に表わされていることを，ここでは社会的相互作用の循環過程に従って，具体的に説明していきます。図は左上から時計まわりに見ていきます。

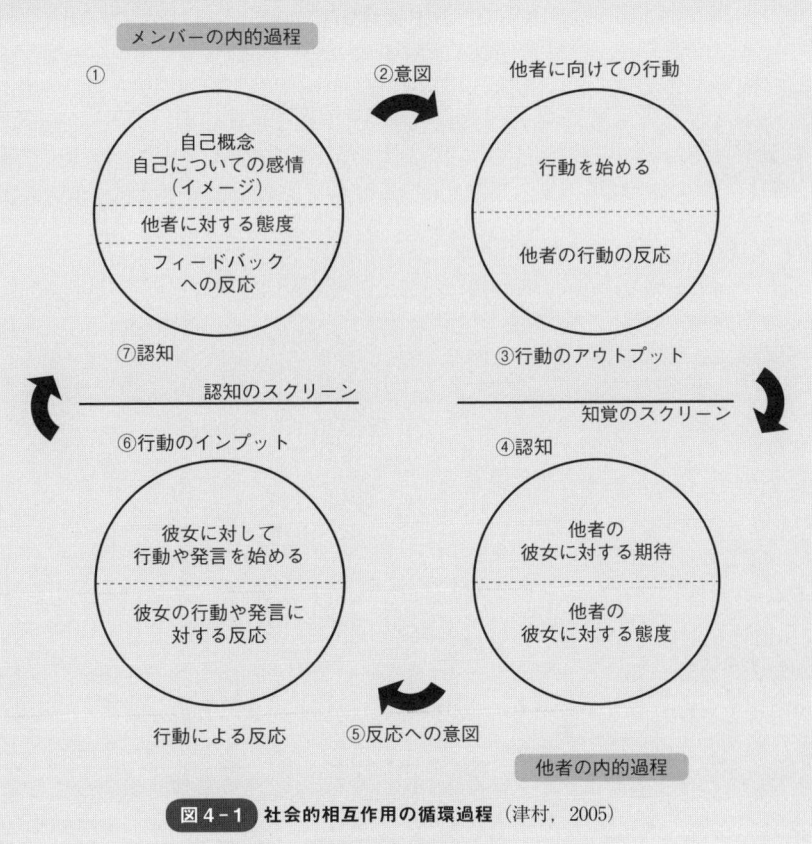

図4-1　社会的相互作用の循環過程（津村，2005）

文中のA子さんの例では,「どうせ私はバレーが上達していないし,みんなの足をひっぱりたくないわ」とか,「C子さんのほうが上手なんだから,彼女に任せればいいわ」という言動になり,A子さんが試合に出ることから遠ざかってしまうことになります。そうなるとより安全で防衛的なサイクルの中での行動になってしまいます。
　その他にも自分に能力があると感じていても,他のメンバーから攻撃的だと認知されていると感じ,自ら防衛的になると,その人はより攻撃的,競争的な行動をとってしまうことになります。これも先程の例で言えば,「なんでこのチームに入って間もないC子さんが,バレーがちょっとうまいからって試合に出られるのよ！」と考えるでしょう。そうするとチームメンバーからA子さんへの反応がさらに攻撃的な態度へとなってしまいます。A子さんに対して「試合に出たいなら,出たいって,ちゃんとチームのみんなに言えばいいのに！」のような発言が起こるかもしれません。
　集団の中で活動的なメンバーは「あなたは活動的ね」というフィードバックをもらうと,ますます活動的に見られ,活動的という自己概念が強化されます。逆に自分のことを消極的で役にたたないだろうと思っているメンバーは「あなたは消極的だわ」というフィードバックをされることで,ますます消極的という自己概念が強化されます。このことはメンバー個々の間で起こっており,すべてが周囲から期待された像で動いていると言えます。そこで個人ができることとして,自分自身で見方を変えて自己概念をとらえることです。そしてとらえ直した自己概念を基に意図と行動を起こすことです。
　A子さんの例で言えば,「私はバレーはへただけど試合に出られる可能性はあるわ」という自己概念の書き換えをすることで,「私にもチャンスがあるかも」（意図）から「私もみんなと試合に出てみたいの」という発言（行動）をしてみることです。
　そしてこの発言から「A子さんも本当は試合に出たかったんだ」と他のメンバーに認知（気づき）され,「一緒に試合に出てがんばろう！」と今までとは違う自分（反応）をはっきりさせることです。その結果「私もみんなと試合に出ることができるわ」と新しい自己概念に書き換えることになるのです。
　社会的相互作用の循環過程ではいろいろなパターンの場合が考えられます。ただ問題となるのはグループメンバーのかかわる姿勢が固着化（＝同じことを何回も繰り返し起こす）してしまうことです。それによりグループとしての柔軟性を失い,個々のグループメンバーが自由に動けない状態になります。たとえばグループ決定についてみてみます。最初はグループメンバー全員でグループの活動方針について話し合いをしていたのですが,グループメンバーが増え規模が大きくなってくるとグループ全員の意見を反映させるのが難しくなってきます。そのうちいつも特定の数人だけが活発に意見を出し合いグループ決定をしていく状態に陥ります。その結果グループメンバーの意見が全員に正確に伝わらなかったり,グループ内の問題を棚上げして回避しようとしたりと組織の硬直化が起こってきます。決定にかかわる特定のメンバーは「自分たちがわかっていればまあいいか」と考えたり,決定にかかわらないメンバーは「自分が案を出したりしなくてもいつものメンバーに任せておけばいいかな」と思うようになるでしょう。そうなるとグループとして,また個人としての成長が途絶えてしまいます。特にこの固着化は自分自身の自己概念の像を強化していくことにつながっていきます。

を受け入れ,他者に認められる経験ができていきます。その経験を何回も積み重ねると肯定的自己概念が育っていきます。
　以前,私があることに一生懸命取り組んでいて,もうこれ以上先に進めないなと思っている時に,「よくここまで頑張ったね！すごいね！」と言われた時,ありのままの自分を受けとめてもらったと感じることができました。そうするとその後の相手からのアドバイスも素直に聞くことができたのを覚えています。またそんな時はその人からエネルギーをもらったと感じることもありました。もちろん状況によっては「もっと頑張って！きっとできるから応援してるよ」と言われることもうれしいものです。どちらがいいとかではなく,ありのままの自分を受け入れてもらったという経験がお互いの支え合いに大きく影響するということです。
　このことは1対1の関係だけでなくグループの中でも言えると思います。自分が率直にグループメンバーに対して思いを伝え,ありのまま受け入れてもらえる体験を積むことで,安心して人とかかわることができ,肯定的な自己概念へと結び

ではこの固着化を抜け出すにはどうしたらいいでしょうか。以下に固着化から抜け出すための5つの選択肢をあげてみます。

① **固着化した社会的循環過程がグループの中に存在していることに気づいていること**　グループメンバーの間で特定の傾向やパターンがあることに気づくことは、そこから抜け出す第一歩です。グループの状況を客観的に把握し、個々のメンバーの動きを見る目をもちましょう。打ち合せで、気がつけばいつも進行役が同じ人だったということはないでしょうか。いつも同じ役割をしている人がいないかどうか、まずはそのことに気づけるかが大切です。

② **グループの中での個人の感情や態度を長期的な視野で見ること**　第一印象は変化する可能性があるものなので、個人に対する思いや態度はその場の一回の出会いですべてが決まってしまうものではないのです。第一印象が悪かった人と後々親友になったという話を聞いたことがあります。グループの中での個人に対する関係は長い目で見ていきたいものです。

③ **基本的には、個人およびグループがこの循環過程から抜け出したいという欲求があるかどうか**　個人がとる行動に焦点を当て、その人が今までと違う新しい行動を試みた時、それを支援するフィードバックを行うことが大切です。先のA子さんの例で見ると、いつも「ベンチで応援してるからね」と試合に出ることに消極的だったA子さんが、勇気を出して「みんな、私もできれば試合に出てみたいの！」と積極的な反応を示したら、それを見逃さないようにして、「その気持ちが聞けてうれしい」「いつもと違うね。お互いがんばろう」など、それに対してフィードバックをすることが大切になります。

④ **フィードバックを行う際に、できるだけ具体的なことばをもって行うこと**　他者に対しての思い込みや先入観を捨て、フィードバックは具体的な文言を基に行うことが望ましいのです。たとえば会合で自分の提案に対してだれからも意見が出なかった時、「みんな賛成といことで、次の議題にはいります」と決めつけるのでなく、「誰も私の提案に対して意見がでないようですが、賛成してくれたと考えていいですか？」と具体的文言によってフィードバックしてみます。前述のフィードバックのポイントでも説明しましたが、相手の言動での具体的事実に注目して、それによってグループメンバーやグループ全体にどんな影響があったかをフィードバックしてみましょう。

⑤ **グループの中で変化を求めている個人だけが行動を変化させるのでなく、グループメンバーが互いに行動を変化させること**　（変化を求める）個々のメンバーだけでなく、グループメンバーが互いに行動を変化させることで、メンバーに対してより多面的なフィードバックが得られるでしょう。いつもは聞き役が多いメンバーが「ちょっとこのグループでやってみたいことがあるのだけど……」と企画案を発言した時に、それに対して「どんなこと？」「○○さんの提案興味があるわ。聞かせてくれる？」と関心を示し、そして「その提案一緒にもっと考えてみようよ」や「今までとは違った○○さんの一面に気づいたわ」という以前とは違った言動の第一歩へとなるでしょう。

つきます。自分がこの場にいていいんだ、ありのままの自分でいいんだという思いをグループメンバーの誰かがもてると、それを見ていた他のグループメンバーにも影響を与えます。それは「自分もあんなふうにありのままを受け入れてもらえるかもしれない」とか「このグループならなんでも言えるかもしれない」という気持ちを湧き起こさせるからです。そこからグループメンバーが互いに影響を及ぼし合い、グループに対して信頼関係が生まれていきます。そうすることで個人はもちろんのことグループとしての成長や、周囲の人と支え合う関係へと発展していくことができるでしょう。

❖ **共同生活から協働生活へ**

ところで昔ながらの地域ではいまだ結束の強い地域の集まりとして町内会・女性会があります。過去には村八分という因習まであったことをひきずっているからでしょうか、私たち日本人はそうした会でうまくやっていくことを重んじているところがあります。グループの和を少しでも乱さないようにしている気がします。たとえば「こんなことを言ったら変な人と思われないかしら」とか「本当は別の解決方法がいいんだけど」とか自分のことを率直に伝えられないでいることがあるように見受けられます。そして絶えず他者から

どう自分が見られているかを意識し，グループから目立たないように自分を抑えこんだりする傾向が強いようにも思います。そのことを端的に表わすことばに「出る杭は打たれる」という諺があります。グループに参加して何か新しい提案をしたり，行動を起こそうとした際に，「前例がないから」「誰も今までやったことがないよ」という理由で却下された話を聞いたことがあるのではないでしょうか。それは斬新なアイデアを活かすどころかその芽を摘んでしまうことになります。その結果，その人の個性や魅力が出せないようになるのです。個の埋没とも言えます。ひいてはグループに属する各々のメンバーの能力を活かしきれないことになります。このような状況を生み出さないためにも，相手をその時々でありのまま受けとめたり，相手から受けとめてもらったりすることが非常に大切になってきます。

　たとえば誰かが自分とは違う意見を提案した時，その提案に対してすぐに反対するのでなく，まずはその人がなぜそのような提案をしたのかその意図を確認してみることが大切です。そして自分の意見とつき合わせ，何か取り入れるところはないか，それとも相手の提案のほうが自分の考えより最適なものか，他のメンバーはそれについてどんなふうに思っているかをグループメンバー全員が自由に意見交換できると互いを大切にしたかかわりをもてるでしょう。そのようなかかわりから今までとは違う新しい思いが起こり，メンバー間の関係性にも変化が起こってきます。それは昔ながらの同じ目的のために一緒に事を行う共同生活のかかわりから，目標を共有し，ただ単に事を行うだけでなく，ともに互いが力を合わせて活動していく協働生活のかかわりへとシフトしてきていると言えます。

✤　関係性は信頼度のバロメーター

　さらに最近の傾向として，私たちの日常はパソコンや携帯電話などインターネットに接する機会が多くなってきています。私たちはインターネットというバーチャルな世界で，実に多くの情報を発信することも受信することもできます。たとえば，まだ一度も入ったことがない飲食店について，どんな料理が美味しいか，またいくらぐらいかかるかなどの情報を瞬時に把握することができます。もし，今皆さんがどこか和食の美味しいお店に行こうとしているとします。その際お店を選ぶ方法として，日常からface to faceでフランクに話せる関係ができている人に直にお店情報を聞くのと，ネットの掲示板で情報だけ見た場合と，どちらのお店に行くでしょうか。

　食べることが大好きなメンバーが揃っているSeedsでも合宿や忘年会で今まで行ったことのないお店を訪れます。そのお店を決める時，インターネット上の情報だけで決めるのでなく，メンバーの誰かが知っているお店や事前に評判を聞いているお店の情報も合わせて検討していきます。そして，決定する際には，私たちの今までの関係性に重点を置き，ネットの情報よりも，信頼できる人からの情報に重きをおきます。信頼関係にある人からの情報と，ネットだけのつきあいで顔も姿もわからない人との情報では，信頼度も影響度も違います。

✤　成長と支え合い

　近年介護や孤独死の問題がよく取り上げられています。一昨年私の家では父親が要介護状態になり，家族はもとより医師，看護師，言語療法士，理学療法士，介護士，デイサービスのスタッフや仲間など実に多くの人とかかわりをもちました。そのなかで父親である本人が一番居心地のよい介護は何か，支える側の人間として母と私に何ができるかを改めて考えることになりました。その時，そこにかかわる人にきちんと思いを伝えることができるような機会が与えられると，父も周りも楽なのだと気づきました。

　当時78歳の父の場合，リハビリ施設から紹介されたデイサービスでは，自分が楽しめるものがあまりなかったことと，自宅から離れた場所で知り合いが一人もいなかったこともあり，行きたがらなくなりました。そこで父の様子を母がデイサービスの責任者に伝えよく話し合い，自宅により近く，好きな将棋や囲碁で時間を過ごせる施設に変更しました。結果的に父は週3日のデイサービスを心待ちにするようになり，家族も安心して送り出すことができるようになりました。思い切って施設側と話し合ってもらってよかったな

思っています。

　また親の介護は誰がするかという問題を友人の例で考えてみます。友人のDさんは親の介護は家族がしなければならないと思っていました。一方友人のEさんは自分の趣味ややりたいことをする時間をもつためにも，どんどん介護サービスを利用していこうと考えていました。知人であるケアマネージャーにたまたま意見を聞く機会があり，このことについて尋ねてみました。彼女は「まず介護に対してのニーズはどこにあるかを見極めることが肝心だわ。お年寄りに寄り添うことも大切だけど，介護をしている家族に寄り添うことも大切に思うの。Dさんのようだとかかわりがもちにくいけど，Dさんのような親の介護は家族がしなければならないと思っている人にも，しんどい時には是非利用してもらいたいわ。介護する側，される側ともにイキイキとできるサービスが提供したいの」と言っていました。人とのかかわりがその人のもつ自己概念や価値観に左右されることがわかります。

　もし要介護状態になった時，身内が身近にいる人は協力を得やすいでしょう。でも一人暮らしで支援を必要としている人は，自分の周りの人に声をあげ，まず自身の存在に気づいてもらい，かかわりをもつことが必要になってきます。また支援をする立場である介護者についても同じことが言えるでしょう。誰ともかかわらず，自分のこころに壁をつくり，自分の思いを内に留めてしまったり，何でも自分で全部しなければいけないと抱え込んでしまうと，支え合うチャンスを逃してしまいます。

　人が互いに興味をもち，思いを伝え合い，安心してかかわりをもつこと，それは多くの気づきをもたらします。気づくことでものの見方の幅も広がり，多角的に物事をとらえるようになります。また気づきは成長につながり，自分自身を育てることにもなっていきます。そして個人が成長することはまわりの人の成長につながり，活動をより充実したものへ導きます。個人と個人であっても，個人とグループであっても互いに声をかけ合い，支え合いへと向かうことができます。逆に支え合うことから気づきが起こり，成長につながっていくこともあります。誰かに「ありがとう」と言われ自分も誰かの役にたったんだという充実した思いが起こります。そのような気づきが自分をふりかえることとなり，それが自身の成長や次の支え合いへとつながっていくでしょう。

　周囲の人々との関係の中で自分を育て，自身の個性を活かし，イキイキと生きていくことができるようにしたいものです。

文　献

社会福祉法人全国手話研修センター（2008）．平成20年度　手話通訳士現任研修教材（医療）

津村俊充（2012）．プロセス・エデュケーション―学びを支援するファシリテーションの理論と実際　金子書房

津村俊充・山口真人［編］南山短期大学人間関係科［監修］（2005）．人間関係トレーニング―私を育てる教育への人間学的アプローチ　第2版　ナカニシヤ出版

星野欣生（2007）．職場の人間関係づくりトレーニング　金子書房

Lippitt, R. (1982). The circular process of social interaction. In L. Porter, & B. Mohr (Eds.), *Reading book for human relations training*. Arlington, VA: National Training Laboratories Institute Publication. pp.75-77.

5 よりよいコミュニケーションをめざして

　人とのかかわりの中で，コミュニケーションがうまく成り立たず，誤解を引き起こすことがあります。また話し手と聞き手がそれぞれの世界観を通してことばを理解しようとするため，ずれが生じることもあります。そんな時私たちは，難しいな，伝わらないなと感じ，なんとかならないかと思います。
　コミュニケーションをよりよくしていくための指針の1つに「効果的コミュニケーションのための5つの要素」があります。5つの要素とは，肯定的な自己概念をもつこと，傾聴すること，明確な表現をすること，感情の取り扱いができること，自己開示をすることです。
　また，ことばの使いかたを「報告」「推論」「断定」という観点や，「ことばの抽象度」から吟味してみると，自分がどのような話し方をして，どのように他者のことばを受け止めているかを見ることができ，自分のコミュニケーションの特徴や課題が見つけられます。
　私たちは，いつでも誰に対しても自分の思いを伝えられるわけではなく，伝えられる時と伝えられない時があります。自己表現を上手にしていくためのヒントとして「アサーション」があります。「アサーション」は，自分も他者も自分の思いや考えをきちんと述べる権利をもっていて，互いに受け止め合い，自分も他者も納得した結論を導き出すコミュニケーションをめざします。一人ひとり違っている私たちが，互いの考えを共有し，理解し合うためにやっていきたいことでもあります。
　この章では，いろいろな事例を通して，上記の観点からコミュニケーションを考察していきます。

① 私たちはそれぞれのものの見方をもっている

　私たちが他者と何かを一緒にやっていく時，そこでの目的や課題に対し，それぞれの思いや考えをきちんと伝え合わないままでいると，物事がうまく進んでいかないことが起こります。まずは，そこに参加した者が何を関心事としているか，起こる事柄にそれぞれがどのような意味づけをしているかを互いに伝え合い，共通の理解をつくることが必要になってきます。コミュニケーションは，その共通の理解をつくるための手段です。
　私たちは，一人ひとりものの見方が違っています。そのことは普段あまり意識されないで過ごしています。むしろ，他者も自分と同じように考えているとか，「日本人だから一緒だよね」あるいは，「同年代だから似てるでしょ」というような思い込みを当然のこととしてとらえているところがあります。でも，よく考えてみるとそんなことはありえないのです。私たちは，自分が育ってきた環境，時代や文化や人とのかかわりの体験から自分のものの見方をつくりあげているからです。環境や事柄も，自分の周りの人々にも，それぞれそこに至った歴史があり，それらのものからいろいろな影響を受けています。そうしたさまざまな経緯が絡み合って，今の自分のものの見方があるわけです。それはたとえ親や兄弟であっても違うのです。時々親がわが子に対して，「同じように育ててきたのに，なんでこんなに違うんだろうね……」とつぶやくのを聞いたことがありませんか。同じ家庭の中での共通の価値観などがあり，全部言わなくても伝わるとか，話がすごく飛ぶのについていけてしまうなど，家族ならではのコミュニケーションがあるでしょう。しかし，兄弟姉妹がそれぞれの世界をもって生きているのですから，まったく同じように伝わっていることはあ

りえないわけです。ただ、親にしてみれば「分けへだてなく育てたつもりが……」と言いたい気持ちなのでしょう。違いがあるとわかりつつ、どうしても同じであるように感じていたいものなのかもしれません。私たちは一人ひとり違うのだとわかっていても、そのことを忘れ、他者も自分と同じようなものの見方をしていると思い込んだりします。だからこそ、時として自分とは違う他者の見方に驚かされます。

「見方」といった点で、山崎ナオコーラさんが、2012年7～12月の東京新聞のエッセイの中でこんなことを書いていました。山崎さんは写真が好きなのだそうです。「カメラという機械が発明されて、私たちは他人の『見方』を知るようになった。『見方』次第で世界は変わる。どこかに『すごい見方』をしている人がいる。それを意識すると、自分の『見方』も育つ」。写真は、カメラという機械を通して、カメラマンが見たアングルでそのまま写し取っていて、カメラマン自身の興味関心事を「こう見たんだ」と自分の見方を披露することになります。写真は、同じものを見ても、同じように見ていない人がいる、すなわち「見る」ということが解釈だということを知らされます。写真が私たちの心に響く時は「私とは違うすごい見方」に出会った時、知らなかったことや気づかなかった「見方」に出会う時です。そして、それは自分の「見方」に影響を与えるでしょう。

こんなことを心理学の考え方から教えてくれるのが「ルビンの盃」（図5-1）という絵です。この絵を見ると、中央に盃が見えます。しかししばらく眺めていると、どうでしょうか。周りの黒い部分が人の横顔に見えてきませんか。今にも2人はキスをするかのように顔を近づけているように見えます。ルビンは、自分にとって中心になって見えてくるものを「図」、その背景を「地」と考えました。「ルビンの盃」で言うと、盃が図で、黒いところが「地」でもあり、逆転することも起こります。同じものを見ていても、一人ひとりとらえる図が違うことがわかります。ものの見方には、図と地があることを知ると逆転が容易になり、盃も横顔もだんだんとすぐに見えるようになります。

こうしたことは、日常でも同じように起こっています。私たちは、自分の周りで起こることを見る時、それぞれに図があるのです。そして、その図が自分にとって、今、意味のあることとしてとらえていることなのです。

この例で言うと、自分が盃として絵を見た時、すでに自分は盃とはどんな形のものか知っていて、よく似たかたちだから盃だと判断したのです。同じことが黒い部分を人の顔に見る時にも言えます。横顔が近づいている時のことを「向き合った2人の横顔」ととらえることは、その人自身が判断し、意味づけしているのです。また、ものの見方には図になるところと地になるところがあります。先ほどの例で言えば、横顔が図でその他が地です。このことを知っていると、今自分が見ている図には地があることを思い出させ、地になっているものに目を向けることができます。それにより視野が広がり、多角的な視点を獲得できます。

私たちの日常でも、図が表われる瞬間を感じる場面があります。私は友人と世間話をしていた時、友人から「新しい車が発売された」と聞きました。私は、車には興味がありません。もちろんその車については何も知りません。しかし、親しい友人が興味をもつことには関心があり、熱心に話を聞きました。友人と別れ街に出た時、それまで気にも留めなかった多くの車が私の目に入ってきました。私が車を自分の意識にのぼらせて、私にとって、車が今、「図」に変わったのでした。そして先ほど話題になった車を探している自分がいました。そうしていると、車の流れが今度は「地」になり、話題の車が目に飛び込んできました。その車が友人が言うように素敵に見えて、私の「図」になっていく経験をしました。

そう考えると、意識はサーチライトと言えるかもしれません。何を意識するかで見るものが

図5-1 ルビンの盃

変わってきます。そして「見る」とはいうけれど、何をどのように見て、それをどのように解釈しているかは人それぞれです。その見方や解釈には、私たちの意識が働き、自分が見たいように見ていると言えるでしょう。しかし、他者の見方が時には受け入れがたいこともあります。そこを互いに乗り越えるためには、コミュニケーションを活発にしていく必要がありますが、現実はどうやらそう簡単にいきません。ここからは、よりよいコミュニケーションをめざして、自分たちが取り組める手がかりを探求していきましょう。

② 私たちのコミュニケーションの現実は？

では、私たちは、現実にはどのようにコミュニケーションをしているのでしょうか。日常会話の中から、コミュニケーションのプロセスを考えていきます。まずは私の身近に起こったことを紹介します。

私はあまり動物好きではありませんが、ペットを飼っている友人がいます。友人と何気ない話をする時、話題がペットに及ぶと、動物に詳しくない私は、曖昧に聞いていることを感じます。

友人：「うちの△△ちゃんは、○○という種類の犬なの。そのくせサァ、……」
私　：「ふーん、どんな色の犬？」
友人：「薄い茶色、」
私　：「大きいの？」
友人：「小さいよ。○○よりは大きいかな……？」

と、いった会話です。

友人が私に対して「あ、犬に興味がないかな」と気づき、だんだんペットの話が終息していきました。私としては、一生懸命話題についていこうと努力しているつもりですし、友人の別の一面がペットの話を通して知ることができるだろうと思い、懸命に聞いていました。でも一方で話題が変わって、少しほっとしていたのもまた事実です。この時、私は○○種という犬の種類を知らないので、自分の知っている犬を勝手にイメージしまし

● ミニレクチャー　コミュニケーションのプロセス

対話の中で何が起こっているのか、話し手から聞き手にどのように伝わるのか、私たちのコミュニケーションを図解すると下記の「コミュニケーション・モデル」（図5-2）に表わすことができます。話し手が発信者、それを受け取る聞き手が受信者です。発信者から受信者にコミュニケーションの内容が伝わっていく間に起こる過程のことをコミュニケーション・プロセスと言います。

```
《発信者の世界》                          《受信者の世界》
発信者 → 記号 → 信号 → 記号 → 受信者
     記号化  送信    受信  解読
《主観的辞書》                           《主観的辞書》
価値観・人間観・人生観・世               価値観・人間観・人生観・世
界観・自己概念・他者認知・               界観・自己概念・他者認知・
宗教・職業観・性格など                   宗教・職業観・性格など
```

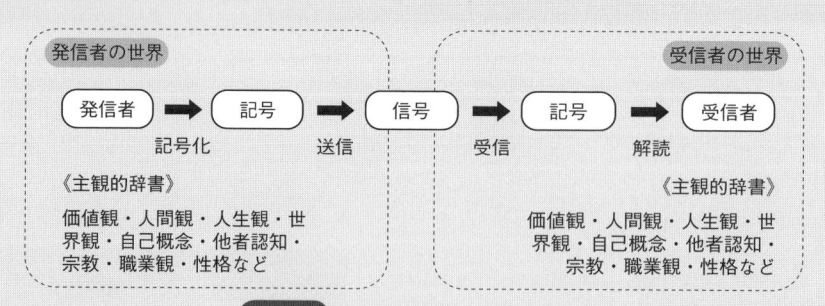

図5-2 コミュニケーション・モデル

発信者は自分が伝えたいこと（考えていること、感じていること）を、自分の世界にあることばや身振り、表情などの記号を用いて送ります。記号は送信され信号となり受信者の世界に届きます。受信者は、その信号を受け取ると同時に自分の世界にある記号に変換します。そして、記号の意味、内容を理解しようとします。この時、発信者には発信者の世界があり、受信者には受信者の世界があります。それぞれの世界には、それぞれの主観的辞書（価値観、人間観、人生観、世界観、自己概念、相手に対する見方、宗教、職業観、性格などから成り立っています）があるのです。発信者が送信する記号は、発信者の主観的辞書でつくられています。受信者が受信し解読する時には、その受信者の世界の主観的辞書によって理解

た。その次に色を聞くと，薄い茶色だったので，白をイメージしていた私は修正しようとしました。しかし，私は白い犬を少し大きい犬として想像しました。茶色と聞くと小さいかなと思い，今度は大きさが気になりだしました。大きさを聞くと，小さいようです。しかし，だんだん私の中に友人の家の△△ちゃんを想像するのは困難になっていき，そこからは，「ま，いいか。犬のことよく知らないんだし。今度お宅に行ったときにでも見せてもらおう」と思ったのでした。しかし，いまだにお宅を伺う機会は訪れず，その友人にはペットがいるのだという事実を把握しているのみの状態です。

　私は，友人のペットがどんな犬なのかをきちんと聞き，友人が語っているものと同じものを頭の中に描くことはできませんでした。それと同時に，この話に対する二人の思い入れの違いも大きいと感じました。私にとってはたかが犬のことでした。しかし友人にとっては，子供のようにかわいい犬のことなのでしょう。私は話が終わってほっとしたのですが，友人はもっと話したかったのではないでしょうか。そこには，自分の中でのペットの位置づけ，ペットについてもっている知識量が私と友人では，大きく違うということがありました。それでも，私はその友人と友達づきあいを続けています。長年のつきあいから，この程度ではお互いの信頼関係は揺らぎません。でも友人は私の前でペットの話をしてもおもしろくないとインプットしたかもしれません。

　このようなことは，日常の会話の中によく起こることだと思います。私たちは，互いに何もかもコミュニケーションをとってきちんと伝え合うことは不可能だとどこかで自覚しているのかもしれません。あるいは，あきらめているのか，逆に気にも留めず，きちんとコミュニケーションができていると思い込んでいるのか，私にはわかりません。しかし，流してしまっても問題のない事柄ならば，きちんとコミュニケーションできていなかったとしてもそれほどこだわる必要はありません。楽しければ良いという会話もあります。しか

されていくのです。そして，主観的辞書というのは，それぞれの過去の経験に強く影響を受けており，一人ずつ違います。

　たとえば，私が「うちの庭は大きな木がある」と誰かに伝えるとします。「大きな木」と言ってもとても多くの種類が存在します。発信者である私が伝えたい木は，「大きな桜の木」だとします。季節が春ならば連想が多少可能かもしれませんが，「大きな木」と聞いて，受信者の思い描く木が必ず桜だということ言えないでしょう。日本人の多くが好きだとか，季節の樹木だからという発信者の思惑が記号化され「庭の大きな木」という信号として出されたとしても，発信者の考えがそのまま受信者に伝わるとは限りません。「大きな木」と聞いて梅を思い描く人も柿の木を思う人もいるでしょう。季節が春でなければ，季節関連の連想はなくなります。自分の家の庭の木を連想する人もあるでしょう。さらに，話がなされている周囲の状況が，騒がしい場所であれば，「木」が伝わらず，「花」や「石」など違うものにすり替わることも考えられます。このように，発信者から受信者までに伝わっていく過程には，コミュニケーションの障害が生じる可能性が多くあるのです。人は，コミュニケーションをとる時，自分の主観的辞書を通して理解しているので，相手との認識のずれが起きます。私たちは，コミュニケーションは，そのようなことが起こると理解している必要があります。そこで，できるだけコミュニケーションの障害を少なくするため，発信者は受信者の世界を，受信者は発信者の世界を，より理解し合うことが大切になります。そのためには，何度も聞き返したり，受信者の問いに答えたりという応答をすることによって，やっと，正確に伝わっていくものだと考えられます。

　また，しぐさなどのことば以外のものから出てくる相手のサインは，とても大事なものです。そこに注目することは，普段の会話でもずれなどの違和感を解消していく手がかりになります。よく気がつく人は「今日顔色悪いね」とか「声が明るいね」など顔色や表情から，相手を察知しています。

　コミュニケーションをスムーズにしていくには，観るということが大切になってきます。相手の反応を見て，それによってどのように尋ね，答えていくかを考えることが必要なのです。対話の中で「あれっ」と思ったり「ドキッ」とした時には，相手に対し「こんなふうに見えますが……」と尋ねる勇気が必要です。

し，生死に関わる問題や，自分の利害に関わることで同じようなことが起こっていた時に，わかりあえていないことは大きな問題で，その時には，コミュニケーションのありようにこだわりをもつ必要があります。物事の結論がはっきり出ないまま事が進むと，それがもとで互いのストレスの原因になっていきます。日常ではそこに目を向けず，あいまいなままコミュニケーションが進んでいる可能性があります。私たちの多くはこうした経験をよくしています。しかし，そんな経験も，私たちは忙しい日常の中で時が解決してくれるのを待っていたり，いつの間にか忘却の彼方に追いやって過ごしていると思われます。そう考えると，コミュニケーションの齟齬に対して，私たちが鈍感で，さまざまな体験から多くを学んでいないということが言えます。

では，そうならないためにはどうしたらよいでしょうか。いろいろなことが考えられますが，1つには，自分の中の違和感をそのままにしないことです。違和感があるとき，問い返したり，わかっていないことを伝えたり，自分の状況を，たとえば関心がないなどということを伝えて，応答し合うことによって解決が図られるのです。そうは言っても，これがなかなか難しいところでもあります。「違う」ということを言うのにはなかなか勇気が要るからです。

③ 「効果的コミュニケーションの5つの要素」と「表現方法」に注目する

コミュニケーションのプロセスを考えてみると，私たちが互いのことをきちんと伝え合い，理解し合うことは実はとても困難なことで，完全に理解し合うことは不可能に近いことではないかと思えます。しかし，伝わっているなと感じる瞬間もあります。この困難な状況を考えると，それは，奇跡と言えるかもしれません。私たちは，違和感をそのままにせず，互いに応答し，理解し合えるようなコミュニケーションをめざしたいものです。そのために，コミュニケーションが効果的に行われるための基本的なスキルについて，たとえば，「きちんと伝える」と言うけれど，私はどのように話しているか，「きちんと聞こう」と言っているけど，本当に聞けているのか，「相手の様子を観よう」と言うけれども何を観ているのか，そうした観点で考えていきたいと思います。

❖ 自己概念とは？

ミニレクチャーのコミュニケーションのプロセスに記載した発信者と受信者それぞれがもつ内的世界というのはどのようなことを言っているのでしょうか。多くのものを含みますが，1つには，物事をどのようにとらえるかというそれぞれの「見方」があります。そして，その「見方」を支え，行動や態度を決めるベースには「自己概念」があります。「自己概念」とは「私はこんな人間だ」と自分で把握している自己です。言語化してみると「私は……です」という文章に書き表わせるものです。人は，他者と自分の区別がつくようになってくると，人とのかかわりや，周囲の環境の中で自分を見出し，「自分とはこんな人間だ」というものを徐々につくりあげていきます。「こんな人間だ」と思う中には，人よりも背が高いとか，声が美しいとかいった身体的なことも，こんなことが好き，こういうことは嫌いという嗜好的なことや，価値観も含まれます。また，誰もが，自分は明るい性格だとか，いじっぱりだとかいうように自分で自分のことを決めつけて見ているものをもっています。こうしたものすべてが自己概念を表わすもので，すぐに変わってしまうものではなく，比較的長く考えているものを言います。

自己概念は，私たちが人とどんなふうにかかわるのか，相手に働きかけたり，相手の言動をどう受け止めるか，人とかかわる時の態度や行動に影響を与えます。

ふたたび，私のことを素材に「自己概念」について考えていきます。私の自己概念の1つに「私は，やさしい人ではない。むしろ自己中心的な人間である」というものがあります。こう思うようになったのには理由があります。少女の頃，グリム童話の『シンデレラ』を読んで，自分もいつかシンデレラになる日が来るかも，王子様に出会えるかもと夢見たものです。でも，いつの頃からかどんなにそんな夢を見ても，私は，シンデレラのように謙虚でもなく，働きものでもなく，だれにでもやさしくないから，シンデレラにはなれない，

むしろ意地悪なお姉さんたちの方に近いと気づいたのです。なぜなら，私は，人から自分のことを「やさしい人」とずっと言われたことがないと思っていたので，私は「やさしい人ではない。むしろ自己中心的な人間である」と思うようになっていったのでした。また，子どもの頃，「謙虚さが大事である」とか，「人の身になってものを考えなさい」とずいぶん親に言われた覚えがあります。それは私に足りないから言われているのだと受け止めていました。確かにそのとおりだと思うことも多々あります。しかし，どんなに考えても本当に相手の身になって考えることは難しいと感じ，あれこれ想像しても私の考えの範囲からは出ず，その人自身の問題だと考えるところから離れられません。ですから，他者に対し「あの人は悲しい思いをしていることはわかる。だからなぐさめなくては」と思っても，どのくらい悲しいのか本当のところよくわからず，ただそばにいるだけしかできなかったり，少し無理をして慰めのことばをかけながらも，しっかり寄り添えているか不安を感じます。また，「誰からも好かれるように振る舞わなくては」と思っても好き嫌いがはっきりわかるような態度をとってしまうことが多く，いわゆるポーカーフェイスということが苦手です。そんな私を「冷たい」と言う人もいます。これまでいろいろ考えたりしてきましたが，今もあまり変わりません。

あいかわらず私の自己概念は「やさしい人ではない。むしろ自己中心的な人間である」ということです。さらにこの中に私は，「謙虚さがなく自分勝手で，冷たい」という他者からのマイナスの評価を含めています。私の行動を私自身は「やっぱりそうだよな」と思っています。だから，後でしまったなと思ったり，勝手に疲れたりしています。しかし，そんなことを何度か繰り返していくなかで，「シンデレラでなくてもいいや，シンデレラは本音が言えなくて窮屈そうだから，本音が言える友達がいて，何を言っても安心してつきあえる人たちがいることは気楽でいい。むしろそれが私ではないか」と思えるように変化をしていきました。この頃は手前勝手かもしれませんが，これも私でいいではないかととらえるようになっています。自分らしさとして認めていられるということは，いろいろな私がいるけれど，どの私もとりあえず好きなんだと思います。そして，こうした私の自己概念が，私の生き方や，私の人とのかかわりに影響を与えているなと思います。

私たちは，どのようにして自己概念をもつようになるのでしょうか。

私たちのそれぞれの自己概念は，自分にとって重要な他者にどのようなことばがけをされてきたかということと，そのことばがけを自分がどのように評価して受け止めてきたかに大きく影響を受けます。

特に家庭環境の影響は大きいと思われます。時々，育児書に「褒めて育てましょう」ということばが載っていることがあります。自己概念の形成の面では，親に褒められて育った子は，親からの愛を受け止め自己肯定感が高まり，無条件に親から愛されていることの証をもつことができます。そのことが，どんなに外で傷ついても絶対に見捨てない人がいるという安心感となり，その人を強くし，また人とのかかわりにおいても積極的になれる下地をつくっていきます。

親は，子供の存在そのもの，すなわちそこにただ「在る」ということを無条件に受け止めることを大事にしながら，もう一方で子供が成長していくこと，すなわち「一人前になる」ということの支援もしなければなりません。「一人前になる」ことの支援を重視して，時として子供を無条件に受け止める，ただ単に愛することを忘れてしまう時があります。子供の将来のためという一念で，教育に夢中になり，自分の思いどおりに子供を支配してしまいそうになります。それに子供が反抗して，呪縛から逃れてくれればいいのですが，そうはいかない時もあります。親が子供に習い事をさせる時，「あなたが自分からやりたいと言ったのよ」などと言いますが，そもそもそういった習い事があることを教えたのは親自身なのです。そこに「やらせたい」という意図をかすかに見ることができます。子供はやがて，勉強ができないとお母さんに嫌われてしまうとか，いい子でいるからお父さんは僕のことを好きなんだと，親の価値基準に自分を合わせようと必死になっていき，いつしか自分の自己概念の中で，これができないから駄目なんだ，こんな自分はたいしたことがない

と，自分を好きになれない自己概念をつくっていきます。学歴や，お金や世間体に対する親の考え方や生き方が，意識されてはいないけれど普段の会話の中で繰り返しなされ，子供の中に植えつけられていくのでしょう。

親に言われたことばは，簡単に忘れることはできず，折に触れてよみがえってきます。そのことばを反芻したり，なぞらえて自分を見たり，期待を裏切らないように動いてみるなど，知らずしらず自分の縛りにしているところがあります。「親を悲しませないように」「こうしたら親が喜ぶだろう」と無意識にとらえ，いつしかそれらは自分の考え，行動の基準になり，こうあらねばというものができていくのです。私が接する学生さんの話からは，こうした親の意向を大事にすることが，キャリアを考えていくうえでも，自分がどうしたいということを考えていくうえでも同じくらい大事と考えている人が多くなっていることを感じます。

やがて，自分が親になり，いつの間にか育てられるものから育てるものへ，自分の親は老いていき，保護される存在から保護する存在へと，それぞれ立場や役割が転換していきます。その過程の中で，自分と親との関係をあらためてとらえ直していきます。私が親となって気づいたことは，自分の言った些細なことばを子供が重大に受け止めていることです。そして勧めたはずではないのに，子供が望む自分のありたい姿が，いつの間にか親の価値観に沿うものになっていることに気づき，親の影響力に驚いてしまいました。わが家は三世代同居なのですが，私自身もふと気がつくと，自分の育った家と同じような環境をつくり上げています。子供に「親の面倒を見てくれ」などと頼んだ覚えはないけれども，子供自身はそのようなつもりでいる節があります。よく野球選手の子供が野球選手になったり，俳優の子供が二世俳優などと言われたりするのも，家の中にそうしむける環境があるからとも考えられるでしょうし，自分の自己概念の中に親と同じ職業に就くことが，刷り込まれているのだとも考えられるのではないでしょうか。

小学校に入れば，少し親から離れて，新しい友達や先生に出会います。重要な他者という点においては，学校の先生の評価も大きく影響します。「ピグマリオン効果」という心理学の理論がありますが，先生から認められ，俗に言うえこひいきを受けてきた人は，そうでない人より，学業成績などがよく伸びるというものです。「私はできるんだ」「先生の期待にこたえたいから頑張る」というような気持が起こることで，先生に認められ

●ミニレクチャー　効果的コミュニケーションの5つの要素

　私たちが対人関係を考える時，まず，自分が人とどうかかわっているかを知ることが大切です。人とかかわっている時，自分はどうしているのか，グループで話し合っている時，自分はどんな動きをしているか，あるいは家族といる時，仕事をしている時——いろいろな角度から自分に光を当てることが必要です。自分を知り，さらにさまざまな人と効果的なコミュニケーションをしていくのに心がけるとよい5つの要素があります。

1）自己概念：肯定的な自己概念をもとう

　人は，自分はこういう人間だという自分についての考えをもっています。「私は……です」といった文章で表わしてみるとその一端がわかります。自分が何者であり，何に属し，何ができ，どんなことに価値をおいているのかなどについて自分で考えているものを「自己概念」と言います。自己概念は，自分が，生きてきたなかで重要な人々（親，兄弟，教師，親しい友人，仕事仲間など）とのかかわりから自分で導き出しているものです。ただし，自分で思っているものが本当にそうなのかは別問題です。

　自己概念は，見たり聞いたり，話したり，判断したり，理解するといった日常の世界を認知する行動に大きく影響します。自分のことを「私なんてたいしたことない」「私の言うことなんて……」と思っているとしたら，積極的に人との関係を取っていくのにはマイナスに働く可能性もあります。また，人とかかわるなかで自己概念と一致していない思いがけない出来事が起こることがあります。自分では話下手だと

た自分というものに価値を見出します。このことは自分自身への前向きな自己概念形成につながります。

　思春期は友達の影響が大きくなります。友達から自分はどう見られているのだろうかと、折にふれて確かめます。自分との違いから、「〇〇ちゃんは、私と違って、手先が器用だね」と言われて、あらためて自分の得意なことに気づいたりします。すると、手先の器用さが要求される場面では、積極的に動いたり、クラスに貢献したりするようになります。その他にも自分のもち味をたくさん知ると、それを生かして活動でき、「やってもらえて助かった」「楽しかったね」とフィードバックがもらえることで自己肯定感が高まります。しかし、その逆の場合もあります。最近は他者からの視線を気にして、「出る杭は打たれる」のを恐れて、自分らしい言動をとらず、萎縮してしまっている人も多いようにも思います。

　また、私たちは、教育や、テレビ、インターネット、書籍、雑誌などからあふれんばかりの情報や、同時代を生きる人々から発信されるもの、すなわち今この時を過ごす自分に流れ込む時代の価値観にに影響されます。インターネットがない、携帯電話がないなどということは、今では考えられません。昔あたりまえだったことと、今とでは、価値観がひっくり返っていることも少なくありません。そうしたものも無意識のうちに自分の考え方に影響を及ぼしています。たとえば、私が若かった頃の1980年代は、バブル時代でしたが、「ネアカ」「ネクラ」という言葉が流行しました。要するに明るい性格なのか暗い性格なのかを分類しているのです。それは最近よく言われる「オタク」ということばにも、「オタク」かそうでないかに分類して人を見ることと似ていると思います。昔も自分の好きなものに夢中になってその世界で生きているような人がいたけれど、その人たちを「オタク」という分類はしていませんでした。自分たちの集団が使うことばに自分が影響を受け、そのことばを使ってものを考えるというサイクルが起きています。

　思春期から、青年期を経て、社会に出ていくなかでさまざま立場の人とのかかわりが生まれてきます。そして、土地や地域の慣習や価値観、人とのかかわり方、業界や職場からの影響を受けよう。いろいろな場でこんな私がいるのだと状況との連動で自分のことを考え、あらたに自分の自己概念に統合していきます。こんなふうにして私たちのそれぞれの自己概念はつくられ、生きていく体験を経ながら、何度もつくり直されることを繰り返すのです。その自己概念は私たちの潜在意識の中

思っている人が、人から「〇〇さんの話って面白いね」と言われると、そんなことないと思うのか、あるいは人とのコミュニケーションを面倒くさいと思っていたことが楽しいことだと思えるようになるのか、自分にとって思いもかけなかった経験が、それまでの自己概念に変更を迫ります。自己概念には、自分のいいところ、あまり好きではないと思うところなどさまざまなものがありますが、そのどれもが自分なのだと受け入れていることが肯定的な自己概念をもつということです。しっかりと自分を受け止めているからこそ、人とのかかわりから新たな発見や気づきがある時、自己概念の書き換えが行われ、自分を変化させることができます。変化することは、また成長するということでもあるのです。

2) 傾　　聴：相手に聴くこと

　コミュニケーションにおいて、相手が伝えようとする内容をしっかり聞くことはもちろんのこと、相手の気持ちにも関心を向け、その気持ちをそのまま受け止めることが大切です。そのために必要な留意点をあげておきます。

①相手に対し自分の気持ちを集中し、聞く意図をもって聴く。
②すぐに、「良い・悪い」、「好き・きらい」、「関心がある・ない」と簡単に評価しない。
③時には相手の言ったことばを繰り返し確かめてみる。
④時には相手の言ったことや、その気持ちを自分のことばで言い直してみる。
⑤本当は何が言いたいのかをきちんととらえる。

> **3）明確な表現：自分のもっている考えをはっきりと表現すること**
>   私たちは，全部言わなくても相手はわかってくれるだろうと思っているところがあります。特に親しい間柄では通じ合っているような思い込みにとらわれやすいものです。わかっているだろうと思って言わなかったり，あいまいな表現でかえって憶測を呼ぶようなことになる場合があります。できるだけ自分の伝えたいことを明確なことばで表現し，きちんと伝わったかどうか相手の反応をとらえ，どのように伝わったかを確認し，次のコミュニケーションに活かしていくことが大切です。
>
> **4）感情の取り扱い：感情は関係のバロメータ**
>   人はどんな時でもさまざまな感情をもっています。そして私たちは，自分の気持ちを表わして，相手に聞いてもらったり，受け入れてもらったり，応えてもらいたいという基本的な欲求をもっています。しかし，相手との間に波風をたてないことを優先してしまうと，感情を表に出さない方が人づきあいがうまくいくと思いこんでしまいます。特に怒りの感情は相手にどう思われるかが気になって，抑えてしまうことも多く，自分が「今ここ」でどんな気持ちでいるのかにだんだん気づけなくなっていったり，ストレスをためてしまう原因にもなっていきます。怒りの感情を閉じ込めたり，やみくもに爆発させたりせずに感情表現していくことは，互いに理解し合い，信頼し合う関係をつくっていくことにつながっていきます。そのために以下のことに注意してみましょう。
>
>   ①「今ここ」の自分の感情に気づき，それを認めること（自分の気持ちをなかったことにしたり，さまざまな理由をつけて整理しない）。

に横たわり，私たちのものの見方や他者との関係の中でなされる言動の枠組みとして影響を与えます。また，自己概念とは，何度もつくり直し，自身を語ってみてはまたつくり直し，そんな作業の繰り返しをし続け変化するものです。人生で出会うさまざまな人とのかかわりで，「私って案外こうなのかな？」「私ってこんなところもあるかもしれない」という瞬間が数多く訪れます。それによって新たな自己概念をもつことになるのです。

❖ あんな私もこんな私も，どれも私

以前，カトリックの女子中学校の校長先生が生徒たちに語りかけている中にこんなことがありました。「僕は，みんなに将来素敵なパートナーとめぐりあってほしいなと思います。あなたにとって素敵なパートナーとはどんな人ですか？"I love you."と言ってくれる人だよね。そういう人にめぐりあえたら，ぜひその人に一度私のどんなところが好き？と聞いてみてね。その時『あなたの美しい漆黒の髪が好き』と言ってくれたら，その人はだめだよ。だって数十年後にはだれでも白髪になっちゃうもん。『あなたの吸いこまれそうな美しい瞳が好き』と言ってくれてもだめだよ。だって，数十年後にはみんな白内障だよ。それでも好きでいてくれるかな。じゃあ，なんて言ってくれる人がいいんだろう。僕はね，"I love you. Because you are you."と言ってくれる人をお勧めします。あなた自身が好きということ，理由なんかないんだよ」。

先生は，無条件の愛こそが大事なのだと言っています。出会った人たちと信頼関係を構築でき，たくさんの愛情を与え与えられる機会，たとえば何でも話し合える人たちとざっくばらんなつきあいの中で，自分には，弱いところもダメなところもたくさんあるけれど，いろいろな自分を認めていくことができます。そして，どれも自分なんだと思えるようになっていきます。さまざまな場面で実にたくさんの自分がいることを自分で承認することを肯定的自己概念をもっていると言います。

❖ 明確な表現で話をするには

さて，実際に人とかかわる時の私たちのスキルは，「話す・聞く」です。ここからは，「話す」の観点で考えてみましょう。私たちは自分の言いたいことを，伝えたい時に，きちんと「明確な表現」で話すことができているでしょうか。どのようなことばを使っているか，どのような言い回しで話しているかなど，話し方も気になります。も

②自分の感情を探ってみる（話題や課題ばかりにとらわれたり，優先させていると，自分の気持ちが見えなくなってしまいます）。
③率直に自分の感情を述べてみる。
④自分の感情と意思を統合する（自分の思いと態度や行動を一致させることです）。

5）自己開示：自分を知ってもらうこと

　自分の考えや気持ち，意見，特徴などを率直に相手に伝えていくことを自己開示と言います。自己開示をしていくことで，相手が自分のことを知るようになり，また相手もそれに応じて自分自身を開示し，お互いをよりよく知り合うことができ，何でも言い合えるような間柄になっていくことができます。
　自己開示を可能にするためには，肯定的な自己概念を多くもつことです。自分自身を認めることができていると，自分の喜びも失敗も他者とわかち合うことができ，自己開示していくことでさらに自分自身をしっかりと受け止められるようにもなります。
　自己開示を妨げるものは，自分は値打ちがないとか，他者に受け入れられないと思いこんでしまう恐れや不信です。こういった恐怖や不信があるところでは，よそよそしいコミュニケーションしか生まれません。また，このような雰囲気のあるところでは，なかなか自己開示がしにくくなります。しかし，互いを認め合い，受容し合う雰囲気の中で，なんでも言い合える関係がつくられているところでは，自己開示ができるようになり，互いの信頼と理解を生み出していきます。そのためには，初めに誰かの自主的な自己開示が必要になります。効果的なコミュニケーションをする人は，コミュニケーションのための良い環境をつくり出せる人とも言えます。

　ちろんできるだけ正確に多種多様な表現で伝えることが大事ですが，ことばが正確で豊かな表現方法を使っていたとしても，本当は何が言いたいのかよくわからない，相手の想像に任せてしまうような伝え方があります。自分でこのことは全部言わなくても相手はわかっているだろうと判断して言わない時がそれにあたります。あるいは，なんとなく「みんな知っているよね」「あのことだよ」と，はっきりと言いにくい事柄を，あいまいな言い回しをすることの暗黙の了解が強要されたりします。けれども本当は相手の知らないことであったり，まったく意味の違うことにとらえられたりして誤解を招くことが起こってしまいます。これでは，明確な表現がされているとは言い難く，正確に伝わることにはなっていきません。自分の判断が正しいかどうか，この場合には本人しかわからないはずです。
　また，噂話などで尾ひれがついて全然違う話に発展していくということも起こりがちです。
　最近こんなことがありました。私の家の近所で道路拡幅工事があり，付近一帯は渋滞が続き，イライラすることが多くなりました。しばらくすると，土地が買収され，移転する店や家があり，工事は順調に進んでいきました。どんどん工事が進んでいくにつれ，あるお店が最後まで残り，ここがなかなか動きませんでした。毎日通る道でもあり，渋滞が続いていることなどから，「早く動いてほしいな」と心の中では思っていました。ある時，友達から「あの店は移転の費用をつりあげようとごねているらしいよ」と聞きました。「そうか」と聞きながらも，法外な金額は出ないだろうし，基準があるはずなのでそんなことをしても無理ではないかと思いました。また違う人から「あそこが動かないから工期が伸びているらしい」と聞いて，どこでそういう話を仕入れてくるのか，不思議に思っていました。また，「もともと道路が拡張されることを知っていてあの土地を買って住んでいる人だ」とも聞きました。そういう人もいるだろうなと思いながら，そのことを言う真意は何だろうと思いました。「高く売ってお金を儲けると考えていたんだ」と言いたいのか，「わかっていたのだからそれなりの準備はできているはずだ」ということが言いたいのか，よくわかりませんでした。そして，どの話も心情的にはわかりますが，どこまで本当の話なのかと疑問に思いました。結局，その店は新しい店を作って移ったのですが，そこは，道路拡幅土地が造成された場所で，移転が遅くなっても仕方ないところでした。小さ

な問題ですが，あれこれうわさが飛び交い，意味のない話をしたなという印象だけが残りました。

✥「報告」しているの？ それとも「推論」？「断定」？

この話を表現方法の観点から考えてみます。この場合，事実は「道路拡幅工事に関係ある場所のお店がなかなか移転しない」ということです。

「あそこが動かないから工期が伸びているらしい」は推測になります。

「道路が拡張されることを知っていて，あの土地を買って住んでいる人だ」は思いこみをして決めつけていることになります。事実を話されているのか，単なる推測なのか，決めつけなのかを見極めると，相手の話をどのように理解したらよいかがわかってきます。それによって応答の仕方も変わるでしょう。応答の仕方が変わったら，相手が思いこみによって言っていることを，事実のように自分も思いこんでしまったり，事実のように他者に伝えることはおこらなくなるでしょう。そうすると，噂に尾ひれがついていくことに加担することも，尾ひれのついた噂に惑わされることも少なくなると思います。

また「報告・断定・推論」は，4章でお話しした，フィードバックの原則にもなります。単に相手に対し自分が感じたことを述べるだけでなく，「『今，ここ』の場で，こういったことが起こった」と具体的な「報告」をします。そのうえで「そのことから私はあなたのことをこんなふうに感じた」「私への影響はこういったことであり，グループにこんな影響を与えたと考える」と推論したり断定したことを述べると，受け手側も根拠がはっきりし，判断がしやすくなります。フィードバック

●ミニレクチャー ことばの3つのレベル：「報告・推論・断定」

1933年，ポーランド系アメリカ人のA. コージブスキー（A. Korzybski）によって「一般意味論」が唱えられました。一般意味論は，「人々がいかにことばを用いるか，またそのことばが，それを使用する人々にいかに影響を及ぼすかについての科学である」と言われるように，言語化に伴ういろいろな人間の反応や行動について研究しようという理論です。この理論は，ことばの正しい使い方をめざすものであり，そうした意味で教育にも大いに役立ちます。その中でコミュニケーションに関連する重要な理論の中からアメリカの言語学者S. L. ハヤカワ（1985）の『思考と行動における言語』を参考に「ことばの3つのレベル」「ことばの抽象度」の2つをピックアップしました。

ハヤカワ（1985）は，私たちの言語での表現方法は「報告・推論・断定」の3つに分けられると述べています。事実をそのまま言う「報告」，事実に関連して自分が考える意見は「推論」，事実や推論から自分の判断を表明することは「断定」です。明確な表現をするには，今，どの表現方法を使って話しているかについて意識的であることが必要です。

これは，また聞き手の問題でもあります。相手は「報告・推論・断定」のどれを使っているのかをわかることで，相手の話をどのように理解したらよいかがわかってきます。

① 報　告　　私たちが見たり，聞いたり，感じたことを伝えあう時の基礎的な活動
- 自分あるいは他者は実証可能であること
- できるだけ推論と断定を排除していること

② 推　論　　知られていることを基礎に知られていないことを述べること
- 他の人の心に何が起こっているかを創造した叙述
- 自分の意見：実証可能なことから推測される自分の考え，ものの見方を伝える
- 時として，ここが報告と混ざり合い，意見が事実として伝えられてしまうことがある。自分の意見，すなわち推論だということを自覚していることは大切である。

③ 断　定　　出来事，人物，事柄についての自分の好悪や賛否，評価，価値観を言い表わすこと。また，はっきりとは言語化されないノンバーバル・コミュニケーションで，自分の賛否や好悪が伝わる場合もある。そうしたことが起こりうることを知っていることが大切である。

を受けた時には事実がはっきりすることで,「その時はこういった思いがあったんだ」と自分の気持ちを相手に説明できますし,自分の思考,感情を吟味する材料がもてます。

　私たちは日ごろ,この3つの「報告・推論・断定」の表現方法を織り交ぜて,自分の伝えたいことを話しています。話す内容によって,どの表現方法が多く使われるかは変わってきます。では,3つの表現方法はどのような関係にあるのでしょう。報告だけの話では無味乾燥なニュースを聞いているだけのようになってしまいます。推論をしなければ話は発展しませんし,断定は自分の考えをきちんと伝えることなのです。ただし,断定には,その人自身の思いこみが潜んでいる可能性があります。推論や断定だけでは,話す内容の根拠や事実があきらかになっていないことも多く,特にビジネスの場面など,曖昧さを敬遠されるところでは,3つの要素を,どこまでが報告で,どこからが推論なのかを分けて話をすることが求められます。

　また,私は,時々,昨日見たドラマが面白くて,誰かに伝えたくなることがあります。あの人だったら見ているかなと,日ごろよく話をする友人を思い浮かべ,友人が見ていれば,どんな感想をもっているかな,意見交換して盛り上がりたいなと思います。けれども,いつも同じドラマを見ているとは限らず,時にはそのドラマを見ていないということもあります。そんな時私は,そのドラマがいかに面白いかを伝えて,友人が次回は見てみようという思いにさせたくなります。私が,そのドラマを見ていないという友人に話す時は,まずドラマのあらすじを話し,素敵な俳優さんの様子も盛り込み,自分の体験と結びつけて感想を言ったりします。その時,ドラマのあらすじがこんな内容だったっていうことは事実の「報告」です。しかし私が一番言いたいのは面白かったということです。あらすじに交え,「あのシチュエーションはあり得ない状況だと思うんだけど,こんなふうに解釈した」「それは,昔のことを思い出したからだけど……」といった具合に私の思いを伝え,そして「そんな見方をしたらおもしろいと思う」と自分の判断を「断定」で伝えます。それを言うことが私の伝えたいポイントです。ここで

は「報告・推論・断定」を織り交ぜながら,特に推論・断定は「私はここが好きなの,絶対いいんだよ」と熱い思いを伝える話し方として使っています。伝えたいことによって,「報告・推論・断定」は,話の中での分量が変わるのです。相手に自分の思いを届けるには,報告と,推論・断定をうまく織り込むことが必要と言えるでしょう。

❖　ことばの抽象度から考えてみると

　ここからさらに,もう少し言語表現について,ことばの使い方が具体的か抽象的かで考えていきましょう。まず,最近,私の身近で起こった事例を検討しながら考えていきます。

　あるとき,5〜6人で「感じのよいあいさつができるといいね」ということを主な話題に話をしていました。そのなかで一人の男性が「自分の職場には,なかなか目を合わせてあいさつをしてくれない人がいる,感じよくあいさつしあって,仕事に取りかかりたいと思っているのだが……」と話しました。そのあと続けて「女の人は,朝の湯沸かし場でおしゃべりをしてから自分の部署に着くよね。楽しそうでいいなと思う。そこでコミュニケーションがしっかりできているでしょ。男はそういうことしないもんな」と言いました。私は,女性同士では仕事モードに入る準備が充分にできているということが言いたいのかなと思って聞きました。確かに,私は会社勤めの時代,職場の自分の席に着く前に湯沸かし場でよくおしゃべりをしたので,「そうね」と思いながら聞いていました。すると,ある女性が,「女の人って言われたけど,私はそういう場でおしゃべりはしない。そういう人もいるってことを知ってほしい」と言います。私は少し驚きましたが,その意見にも一理あるなと思いました。男性は,「いや,一番言いたかったことは,朝のあいさつを特に大切にしなくても,仲間とあいさつを済ませて仕事モードに入る準備ができているので,気持ちよく仕事に向かえていいなと思うことが言いたかった」と丁寧に言いました。その後は違った話題になったので,その場は流してしまいました。

　あとから思えば,話題の提供者である男性は「女の人」を「うちの職場の女性の多くは」のように,具体性をもたせた方がよりわかりやすかっ

●ミニレクチャー　ことばの抽象度

人は，世の中で起こっているすべてのことを全部ことばにして言い表わすことはできません。言語化するということは，事柄のある部分を切り取ったり，差異が明確になるような描写をすることであったり，まとめたり分類することとも言えます。

たとえば，犬の場合，ヨークシャテリヤもチワワもブルドックも大きさ，形，外見が大きく異なるのに同じ「犬」と呼ぶことがあります。その場合，一匹一匹の間にある差異は無視され，共通のものとして「犬」ということばで表わします。これは抽象化していることになります。抽象化は，他のものとの共通点や類似性を選択し，分類していく作業です。単語や文章を抽象化するということは，より高いレベルで一般化することです。あらゆる文化のあらゆる人々に多くの意味が伝わるようにするのに役立ちます。逆に，物事の個別の特性を，知覚したままに丁寧に叙述することは具体化になります。物事や対象を他のものとの差異を明確にし，きちんと伝えることができます。

しかし，ことばの高いレベルの抽象化は，そのことばの含む意味が大きかったり，広かったりする場合，時には人を混乱させ，聞き手が「本当は何が言いたかったのかよくわからない」で終わってしまう事態を引き起こします。意味範囲の広がりが焦点化のしにくさを呼ぶからです。また具体化はお互いが共通のものとして理解したい時には，たくさんのことばを重ねることにもなり，煩雑，混乱を招くこともあるのです。

このことを，下記のような「抽象のはしご」にして考えますと，抽象化，具体化にもいろいろな段階があることがわかります。これを「抽象度のレベル」と言います。

抽象度を上げたり下げたりすることでどんなことが起こるのでしょうか。

・抽象のはしご

8.	存在	さらに広い地図の中での名称
7.	生物	さらに一般的な特性による名称
6.	動物	植物や鉱物ではないという共通点だけでつけられる名称
5.	ペット	家に飼われている他の種類の動物も含む一般性のある名称
4.	飼い犬	類似の対象に共通の名称（固有の特性は失われる）
3.	ポチ	知覚対象そのものに与えられた名前
2.	経験の対象	知覚のレベル
1.	原子や電子のレベル	原子のレベル

抽象化には，細かな描写がなくても，共通のものとしたり，分類することで，多くの人がおおよそ理解し合えることを可能にします。具体化は，個別の物を丁寧に説明できたり，自分の実現したいことが明確になったりします。議論が混乱した時は，何を話しているかを具体的にすることで，論点が明確になります。同じことが他者へのフィードバックにも言えます。他者が自分の気づきとして活かしていくのに，具体的な行動をあげて言うと，何をどうすればいいのかがはっきりして，自分の課題や目標につながりやすいからです。

たかもしれません。確かに女性全般とされるとその分類に入らない人にとっては，抵抗があるでしょう。それに湯沸かし場におしゃべりに来る男の人もいますし，喫茶店に行っている人も男女問わずいて，湯沸かし場と同じようにおしゃべりをしてから部署に着く人もいます。男性は「男はそういうことしない」と言うのですが，「男」ではなく，「僕はしない」ということだったのではないでしょうか。

この場合の「男は……だから」という言い方には，その中に自分も含まれていますが，自分のことだということをはっきり表明していません。自分が「湯沸かし場の女の人の行動をいいなと思っている」という思いも入っているけど，それを伝

えるのに，男一般ということに焦点を合わせて言っています。よく考えると本人の思いとわかりますが，判断は聞き手にゆだねられています。聞き手は，誰のことなんだろうと憶測せねばならず，あいまいな表現をしていることは確かです。

この言い方はあいまいでやさしい言い方なので，耳に心地よいものです。そういう言い方をしなければものが言いにくい話し手の心情も読み取ることもできます。このとき私には「少し気恥ずかしいけど，伝えたい」という思いと，同時に話し手のシャイな性格を知ったようにも思ったのです。

また，「女性全般」を「自分の職場の女性」と言い換えると具体的な表現となります。ことばの抽象度を上げ下げすることで，話し合いの内容のレベルが変わってきます。より一般化したい時や，「こんなことが言えるのでは」とまとめたい時は抽象度を上げるといいでしょう。個別の事例を語った方がわかりやすい時は抽象度を下げるとよいのかもしれません。議論に行き詰った時には，話の抽象度を下げてみると展開が変わる可能性があります。

このことは，私たちが，他者の言動に対して感じたことをフィードバックする時にも重要な点です。フィードバックの留意点では，具体的にどの場面のどのような言動をさしているのか，事柄を拾って言うことを勧められています（☞4章46,47頁）。「今ここ」で起こったことの固有の出来事を言うことで，その事柄が特定でき，フィードバックされた側の理解をしやすくします。自分の行動を知るのに，たとえば，フィードバックする人から「あなたは私の話を聞いてくれた」というのと「あなたがうなずいて話を聞いてくれたので，私は安心して話すことができた」と言われるのでは，理解度が大いに変わります。抽象度が下がって，具体的だからです。

また，そうした具体的なことがらをつかむことは，次に自分の行動をどのようにしていくかを考えるヒントにもなります。体験学習の循環過程では，体験から学んだことを自分なりに内省し，他者からのフィードバックを参考に，次にどのように行動するかを考えます。次の行動を考えることを「仮説化」と言いますが，この仮説化になかなか至らず，体験を活かせないままに終わっていることがあります。また，体験から気づいたことに満足してしまい，次に活かす具体的な目標や計画を考えない時があります。これは体験学習の落とし穴とも言えます。落とし穴に落ちることなく，気づきを活かすには，仮説化の段階で具体的な行動目標をもつことが大切になります。落とし穴に落ちてしまった時にしがちな仮説化は，先ほどの例で言いますと「人の話をちゃんと聞く」というような抽象度の高いレベルの目標になります。気づきを学びに活かす人は，具体的に始められる第一歩を設定することができる人です。「他者の話を聞く時に，相手にきちんと反応を返す。たとえばうなずいたり，返答をすることで，聴いていることを示すことをやっていこう」というように具体的な行動を目標にもつことです。

❖ 感情表現をしていますか

ここからは，「感情の表現」の仕方を考えていきます。感情の表現の仕方には，3つの種類があると言われています。1つは，感情をそのまま表出したもの《直接表現》，2つめに，「自分の感情に焦点を合わせず，相手の特徴に焦点を合わせ，発言者の判断が入る」《間接表現》，3つめに「率直かつ素直に自分の内面の状態を述べ伝える」《直接報告》があると，ジョン・ウォレンが著書『感情の波』の中で述べています。

ポジティブな「うれしい」「楽しい」といった直接表現は抵抗が少ないですし，むしろ率直な直接表現が，共にいる人の気持ちに影響を与え，楽しい雰囲気作りなどに役立つことがあります。一方，ネガティブな気持ちは直接表現されるととまどいや葛藤を起こします。そんな時3つ目の《直接報告》で表わしてみると，なぜそう思っているかの原因が互いに明確になり，その気持ちを活かして次の行動を考えることができます。たとえば，約束の時間に遅れてきた友人に「遅い！もうあんたとはつきあわない」とイライラした気持ちをぶつけたり，「あ，どうも」と何事もなかったかのようにするよりも，「だいぶ待って不安だったよ。連絡してくれると安心できたのに」と，自分の気持ちに気づき，その理由を伝えると直接報告になります。友人も遅れて申し訳ない気持ちを伝えることができたり，時間に気をつけるようになった

りするでしょう。また，その後の関係もギクシャクすることにならなくてすみます。

こうした直接報告は，他者にフィードバックをする時，自分の気持ちを率直に伝える時に，使っていきたいものです。「今のあなたの行動を私はこんなふうに感じたのだ」と直接報告で伝えると，自分の気持ちをきちんと伝え，相手もその気持ちを受け止めやすくなり，自分としてはどうするかを考えるヒントももらえることになるからです。

また《間接表現》は，自分の感情を人の行動や特徴に焦点を合わせてしまう場合を言います。たとえば，親が自分の都合で早く出かけたい時などに，子供が遊んでいたら，「早く片付けなさい。いつもやることが遅いわね」と怒鳴ってしまうことがあります。「おかあさん，今，急いでいるから，早く片付けをして欲しいの」と言うべきところなのでしょうが，つい焦りとイライラの気持ちを，子供が遊んでいる行動や，日頃からの在り様などを混同させて，子供のせいにした言い方になってしまっています。自分の気持ちを背後に押し隠し，他者を評価したり批判したりするようなことで表現しているのです。

この３つの感情の伝え方は，どの伝え方をしたら良いとか，悪いということではありません。自分はどんな感情の伝え方をしているか，どんな感情の伝え方は苦手なのかに目を向けてみましょう。自分の感情の伝え方の特徴を知っておくと，誤解されたかな，言いすぎたなと感じた時，自分の伝え方を修正する術を見つけていくヒントになります。

●ミニレクチャー　感情の伝え方の３つのタイプ

私たちの感情の伝え方には，大きく分けて３つの方法があります。

1）直接表現：「報告」になっておらず，感情をそのまま表出したもの
- 自分の中にある感情をそのままぶつけるような言い方
  たとえば「ばか！」とか「いやだー！」
- その人の感情がストレートに伝わるので，相手や周囲にショックを与える場合もある
- 生き生きした表現だが，相手がどう感じるか，どう受け取るかはあまり考慮していない。
- 生き生きした感情表現は，よく知りあっている関係であれば，関係を深めたり，雰囲気づくりの促進になる
- 否定的な感情は威圧的，命令口調で表現されがち「静かにして」「いい加減にしなさい」
- 肯定的な感情は，あからさまで無作法に表現されがち
  たとえば，有名なタレントに対して「きゃー，かわいいー」「かっこいいー」と叫ぶ時など。

2）間接表現：自分の感情に焦点を合わせず，相手の特徴に焦点を合わせる。発言者の判断が入る伝え方。
- 自分の感情に目を向けるかわりに，相手の特徴に焦点を当てる。
  たとえば，自分が早く行きたい，イライラしていることを相手に対し「のろまなんだから」「いつもあなたが最後ね」という言い方をする
- 自分のことを褒めてもらった時，謙遜したつもりでも，間接表現での返答は，先に褒めてくれた相手の気持ちがはぐらかされてしまう場合がある。
  「今日の服，いいね」と言われたのに対し「あなたのネクタイもすてきよ」と返答すると，相手が褒めてくれていることをどう受け止めたかのリアクションはなく，相手に焦点を当てた返答になっている。自分の気持ちを表現するなら，「ほんと？　褒めてもらえて照れくさいけど，うれしいな。すごく気に入っているの」などと言うことになるであろう。

3）直接報告：直接率直かつ素直に自分の内面の状態を述べ伝える
　①そのことに関わりがあるのは私です
　②この気持ちを私の心は感じています，ということを相手に伝える。

❖ 自分を知ってもらう「自己開示」

さて、コミュニケーションが行われるのは、おもに自分が相手に伝えたいことがある時、相手のことを知りたい時です。自分のことを伝えたい時は話し手になり、相手のことが知りたい時には聞き手になるでしょう。しかし、相手に聞いてもらうから応えることもあるでしょうし、相手のことが知りたいから自分のことを話し、相手に問いかけていく話し手になっていることもあります。互いに応答することは、話し手と聞き手を交互にしていくこととも言えます。その場で起こっている自分の考えや思いをやりとりすることは、自分を伝えること、すなわち「自己開示」していくことです。自己開示については、4章でも述べられていますが、ここでも少し触れていきます。

このごろ、「自己開示が苦手だ」「自己開示って、なんでしなくてはいけないの？」と言う若い人が多く見受けられます。「自己開示」ということばは堅くて大げさですが、「自分の悩みや課題を人に話して自分を理解してもらおうとすること」「秘密にしておきたいことをあえて話すこと」という意味合いではありません。その時、その場で感じている自分の思いや考えを伝えることが自己開示です。意見を求められている時に黙って何も言わないとか、意思表示をしないということは、自己開示がされていないことを意味します。自分のことを述べずに人と何か一緒にやっていくことは不可能です。この章の初めにお話したように、物の見方、感じ方は人それぞれです。共に過ご

私は、それを聞いてちょっと腹が立ってきた＝感情を伝える
私は、夢を見ているような気持ちだ＝比喩を使う
私は、「バンザーイ」って叫びたいような気持ちだ＝感情によって呼び起こされる行為を言う

✷ 感情とノンバーバルな表現

私たちは、自分の気持ちをことばで表現することだけでなく、特に人と直接の対面する face to face で話をする時はからだ全体で発するものが、ことばと同じくらい多くを語ります。気持ちをどのように人間関係に活かしていくかは、関係のありようを左右します。3章でも書かれているように、ことば以外のからだが表わすものに、顔の表情や、声のトーン、身ぶり手ぶり、醸し出す雰囲気、お互いの距離感などがあります。こうしたコミュニケーションをノンバーバル（非言語）コミュニケーションと言います。しかし自分で自分のことを見ることはできません。時々日常会話の中で「身ぶりが大きいね」とか「よくうなずいてくれるね」など、フィードバックをもらうことがあります。それが他者に映っている自分の姿で、自分のノンバーバルの部分です。これはフィードバックでしか気づけないことです。その時、「その様子はどんなふうに感じる？」ともう少し訊いてみると、相手が自分をどのように受け止めているか発見があるかもしれません。

そして、ノンバーバルで行われるコミュニケーションは、言語でなされるコミュニケーションより、受け取るものが大きいと言います。私たちは、相手の気持ちや場の状況を読んだりする社会的感受性があります。この感受性のアンテナがキャッチするもの多くは、ノンバーバルで発せられるものです。人はいつでもどこでもどんな時でも自分の気持ち、すなわち感情をもっています。そんな気持ちをどう扱うかは、私たちの人生の課題と言えるかもしれません。時々、「顔で笑って、心で泣いて」ということが起こります。自分の辛い気持ちをおさえても、明るい笑顔を振りまきたい時があります。しかし気持ちとからだは連動しています。「怒ってはいけない」、「泣いてはいけない」と自分に言い聞かせていても、きっとその笑顔はどこか寂しげであったり、ひきつったものになっていることでしょう。そこから何となく相手にいろいろなものが不明確に伝わっていきます。そうすると他者はどのように返事をしたらいいか困ってしまいます。因るあまり、何も言えずにいたり、心にもないことを言ってしまうこともあるかもしれません。そのことが、互いの中でしこりになったり、あとをひくことにもなりかねません。ノンバーバルコミュニケーションについては、第3章でくわしく述べていますので、あらためて、参考にしてみてください。

ている相手と同じであることも違っていることもあるでしょう。相手の発言に対し，自分はどう感じたかを率直に表明すること，それが自己開示です。「今，ここ」での自分の考えや思いを伝えないと，お互いのことが理解ができず，不安なまま一緒にいることになってしまいます。その不安や心配を取り除くには，互いに意見交換をたくさんして，忌憚なく言い合うことです。そうすることで，関係が深まり，信頼関係がつくられるのです。

関係が深まると，もしかしたら「この頃私ね……」と，ちょっとした悩みも打ち明けたい気分に変わるということが起こるかもしれません。なぜならそこには安心して話せる雰囲気ができ上がっているからです。小さな自己開示をお互いに繰り返すことが，コミュニケーションなのです。

✤ 「聞く」ほうが好きというけれど

最後に「聴く」という観点からもう少し考えてみたいと思います。相手の思いをどのように聞くかということはコミュニケーションにおいて重要なポイントになります。「話すより聞く方が好き」，あるいは「聞くことはできていると思う」と言う人が結構多いように思います。しかし，「傾聴」という言葉に代表されるように，心を傾けて相手のことを受け止めようとする聞き方は，そんなに簡単なことではありません。「聞く」という字は門構えの中に耳が入っていますが，「聴く」方は，大きく耳を外に出しています。文字が表わすように，「聞く」と「聴く」では，その態度は大きく違ってきます。

「聴く」ことを大事にしたコミュニケーションでの留意点は，まず，「私はこんなふうにあなたの考えを聞いたのだけど」と確認してみることです。私たちはどうしても自分の聞きたいように聞いてしまいがちです。自分の聞きとったことが相手の本当に伝えたいことと合っているか確認してみると，合っていたり間違ったりします。もし，間違っていることがわかれば，そこで自分の理解したことを修正できます。合っていれば，相手には自分がちゃんと聞いていることを知ってもらうことができ，お互い安心して話しやすくなります。

確認ができたら，話し手の真意を聞く問いかけも必要でしょう。なぜその話をしようとしているのか，本当に言いたいことは何なのかをきちんと聞いていくためです。そのためには相手の様子をよく見ることです。ノンバーバルで発せられるものにも大きな意味があります。また，どんなことばをチョイスして語ろうとしているのか，ことばそのものの意味するところに注目することも大切なことです。そのことは，ただ，黙って聞いていれば実現するかといえばそうでもありません。こちらから「確認」と同時に「問いかけ」や「質問」をすることで，相手のことばを引き出すことができます。「聴く」ということの本当の目的は，相手のことばがキャンディの包み紙であるならば，包み紙の中身のキャンディが何であるかを知っていくことと同じと言えます。中身を知るには，聴き手のアクティブな問いかけや，こんなふうに聞いたという自己開示も助けになるでしょう。

聴くことに関しては第7章でくわしく述べられています。参考にしてみてください。

④ 「アサーション」：互いに納得のいくコミュニケーションをめざして

私たちが日常でさまざまな人とかかわるなかで，状況や相手によってうまく話せない時があります。自分の思いや考えがきちんと伝わらないもどかしい思いをしたり，時には後味の悪い結果になることもあります。どんな時にそういったことが起きるのでしょうか。そこを考えていくヒントに，「アサーション」（「さわやかな自己表現」と日本語では訳されています）があります。ここでは，「アサーション」の考え方を知り，自分のコミュニケーションの傾向を考えてみましょう。また，前述の「明確な表現」や「感情の取り扱い」「自己開示」をする時，どんなことに気をつけたらよいのかを考える1つの指針にもしていただきたいと思います。

✤ アサーションとは

自分の意見，考え，気持ち，相手への希望などを伝えたい場合は，なるべく率直に正直に，しかもその場に合った適切な方法で伝えようとする「自己表現」を言います。

④「アサーション」：互いに納得のいくコミュニケーションをめざして　71

アサーションは自分が自分らしくいるためのものです。そのため，伝えるかどうかや伝え方は自分がどうしていきたいかで選びます。自分の思いを伝えないという選択もあるということです。

伝えることを決めたら，率直に，正直に，伝えてみましょう。そして，その伝え方は，状況に合っているでしょうか。相手の人権を尊重できているでしょうか。そのことを確認する必要があります。そうすることは，私たちがよく言う「空気を読む」というのとは違います。自分と相手が，互いに率直でいるため，さらには信頼関係を構築するためだからです。

❖　アサーション誕生の背景

アサーションは，1950年代のアメリカで生まれました。もとは，あまり自己主張のできない，引っ込み思案な人のためのカウンセリングの手法として考えられてきました。しかし，訓練を続けても，対人関係がぎくしゃくする状況はなかなか変化しません。そのうち，当事者のみの問題ではなく，その人とかかわる人たち全体の問題であることがわかってきました。そこには，人間関係における力関係，上下関係の影響があったのです。

力関係の見地から，だんだん，アサーションの考え方は公民権運動，ウーマン・リブなど人権や人種差別の問題へと広がっていきました。また，当時の心理学が置かれた背景として，行動療法や人間性心理学の台頭などがあり，アサーションは単なるコミュニケーションの手法ではなく，人間尊重，人権の考え方を踏まえた人としてのあり方，かかわり方に影響していったのです。やがて，特別な配慮を必要とする人たちを守る人権運動として，教育，医療，福祉の現場に広まっていきました。特に子供，教師，看護師，カウンセラーに向けてトレーニング方法も開発されています。

平木（1993）は著書の中で，「アサーションの考えを最初に紹介したアメリカの心理学者ウォルピィは『人間関係における自己表現』には3つのタイプがあると言っている」と紹介しています。第1に「自分より他者を優先し自分を後回しにするという自己表現」，第2に「自分のことだけ考えて行動し，時には他者を踏みにじることもできる」自己表現です。第3に第1と第2のちょうどよいバランスとも言えるもので，「自分のことをまず考えるが，他者のことも配慮する自己表現」です。第1のタイプを「ノン・アサーティブ」第2を「アグレッシブ」第3を「アサーティブ」と言います。

では，この3つのタイプについて事例を参考にしながら考えていきます。

【事例1：グループで合意する時】

私たちSeedsの活動の中で起こった出来事です。私たちはお互いにアサーティブでいられることをめざしています。しかし，そうはわかっていてもなかなかできていないところもあります。お互いを配慮し合う仲間たちなのですが，それが時には，アサーティブでいられないことにもなります。

私たちは年に一度，合宿形式で研修を行っています。研修と言いながら，行った先でおいしいものを食べることも楽しみにしています。今年は海に近い所に行ったので，おいしい魚が食べられそうなところを幹事さんが探してくれました。何軒かリストアップされて，どこに行きたいかメールで投票することになりました。それぞれに投票したのち，ここだというお店が決まりました。

そこで予約を入れると，店の方から，「コースのしめのご飯を『ちらし寿司』にするか，『白飯』にするか決めてください」という連絡がありました。8人全員同じでないといけないとのことです。ちらし寿司にすると500円アップになります。おいしい魚に魅力を感じている人は，「ちらし寿司がいい」と言い，「500円追加はちょっと痛いな」と思う人もいました。なかには刺身が苦手な人もいて，そのことを配慮して，「白飯にしましょう」と提案してくれた人もいます。私は面倒くさくなって「どっちでもいい」と返事をしました。結局，魚が苦手な人が「刺身でも食べられるものがあるから大丈夫」と表明してくれて，私たちも，こうして意見を聞き合ったことで納得し，幹事さんの意向で「白飯でいいでしょう」ということになりました。

私はと言えば，「面倒くさい」という言い方をしていますが，「ちらし寿司と言うと悪いよな」という思いも手伝って，一任する形で逃げました。これがノン・アサーティブなのです。けれども，

そうしていることを自分が選んだという意識はあります。後で、「本当はちらし寿司がよかったのに」なんていうことは絶対に言いません。おいしい魚に魅力を感じ「ちらし寿司がいい」と言った人や、「500円追加はちょっと痛いな」と言った人はアサーティブだと思います。「白飯にしましょう」と提案してくれた人は、お魚が苦手な人の配慮を優先し、自己表現には至っていません。これは私と同様「ノン・アサーティブ」でしょう。

私たちのやっていることと同じようなことはよく起こりがちだと思います。まず、自分はこう考えているということが表明できることが大切です。そしてさらに、たとえ自分と違う意見であっても、相手にも意見を言う権利があり、「どんどん言ってください、お聞きします」という姿勢がアサーティブです。

また、意思決定をする時にコンセンサスが得られるには、お互いがアサーティブであることが要求されます。まず自分の意見や思いをそれぞれがきちんと出し合うことで、「自己表現」をします。そのうえで、自分たちは「今、ここ」で何を目的に、何を大切にしていくかを検討します。自分たちの納得できるゴールを設定するのです。そうすると、「今、ここ」で決められていくことは、本来自分のもっていた意見や思いとは違うものになっていくこともあるでしょう。むしろ新たな価値をつくり出すということかもしれません。だから「この場」で、「このメンバー」で、自分たちの納得できるゴールを決めたことでコンセンサスができているので、自分の本来の意見の棚上げにも了解できます。私たちは自分のことをきちんと話し、聞いてもらった感じを互いがもてれば、自分の本来の意見と違ったとしても、その意思決定に従えるのです。

【事例2：医師と患者の関係で】

私は、目の病気の緑内障にかかっています。私

●ミニレクチャー　アサーション：コミュニケーション3つのパターン，3つのかかわり方

アサーションでは、人とのかかわり方には以下の3つのパターンがあるとしています。

1) 非主張的・受身的自己表現【ノン・アサーティブ】
2) 攻撃的自己主張【アグレッシブ】
3) アサーティブな自己表現【アサーティブ】

1) 非主張的・受身的自己表現【ノン・アサーティブ】　non-assertive
- 自分の気持ち・考え・信念を表現しなかったり，しそこなったりすることを言います。
- あいまいな言い方をしたり，言い訳がましく言ったり，消極的な態度や小さな声での表現をしてしまう時も含みます。

①特性
- 自分自身の言論の自由・権利を守っていないことになります。
- 一見相手を立てて配慮しているようで，自分の気持ちに不正直で相手に対して率直ではありません。

②行動の背景
　［いつもノン・アサーティブな人は……］
- 他人と葛藤があってはいけない，相手と違うことがいけないことだと思っています。
- 言わなくてもわかってもらえると思っていて，それは相手に期待し，甘えているとも言えます。
- 自分の意見・気持ち・考えが，自分でもよくわからない，あるいは自分に自信がもてないといった面があります。

　［ノン・アサーティブでいることで……］
- 相手にわかってもらえたという手ごたえをもちにくいため，みじめな気分になったり，相手に対し欲求不満が起こり，時には怒りの気持ちが起こってきます。その怒りが抑えられず，突然アグレッシブな態度に変化してしまうこともあります。

のかかりつけの眼科医は30代の女性です。最初は少しすました感じを受け，ものが言いにくい感じをもっていましたが，今は優しい先生だと思うようになっています。時々医者と患者という関係において，患者側には診てもらっていることから遠慮があったり，医者から嫌な感じを受けても，ものが言いにくい「ノン・アサーティブ」になりやすい場合があります。でも，今私は先生を信頼して，アサーティブな関係をもつことができています。そうなるにはあるきっかけがありました。

緑内障は，網膜と視神経の損傷により視野が欠けていくという病気です。放っておくと失明します。また，現代の医療では一度かかったら治るということはなく，進行を遅らせるという方法しかないようです。定期的に眼圧を測り，一定の眼圧に保つよう目薬を差しています。私が緑内障であることに気づいてから5，6年経ちます。もともと父親が緑内障でかなり重症ということや，親せきに緑内障が多いので，遺伝的なものもあると思います。

緑内障の診察の中で視野検査というものがあります。緑内障であることを知ってからその検査をした時，視野が欠けていないという検査結果が出るようにと思う気持ちが私の中に起こるようになりました。検査結果が悪く出るのが怖かったのです。まだ，自分の病気をしっかりと受け入れることができていませんでした。ですから，医師の指示どおりの検査がなかなかうまくできませんでした。病気を知らない時と知ってからでは，無意識に行動が変わっていたのです。うまく検査ができていないことは，先生をいら立たせ，小言を言われました。私も「だめだったな」とも思いつつ，一方で「しょうがない，気持ちがそうさせてしまっているのだから」と開き直っていました。その後も診察の時，あまりいい感じの応対ではなく，「この時の検査データはよくないから」ということ

- 相手に対して，自分が引いてあげているのにという意識は，恩着せがましい，恨みがましい気持ちを生み，その気持ちが募るとストレスになります。
- ノン・アサーティブでいることは，一時的に葛藤を避けることもできます。しかし，言いたいことが言えていないという緊張の高い生活を送っていると，心身に影響が出ることもあります。

2) 攻撃的自己主張【アグレッシブ】 aggressive
- 自分の意見をはっきり言うが，相手の言い分や気持ちを無視，あるいは軽視して自分を押し付ける表現です。相手にとっては　不当な非難，侮辱，皮肉，八つ当たりと受け止められてしまいます。

①特　性
- 相手が我慢するという犠牲の上に立った自己表現・自己主張で，相手の気持ちを害したり，相手を見下したり，不必要に支配したりすることにつながります。

②行動の背景
　　[いつもアグレッシブな人は……]
- 人間関係は競争だ，弱みを見せたらつけ込まれると思っているところがあります。
- あるいは，ずっと（ノン・アサーティブで）我慢していたことで，欲求不満が抑えきれず，怒りが爆発することがあります。アグレッシブとノン・アサーティブはコインの裏表と言えるかもしれません。
- 本当は少し弱い自分であるため，自己防衛的に必要以上に威張っていたり，強がっていたりする人もいるでしょう。

　　[アグレッシブでいることで……]
- 対人関係の中で，自分自身の強引さに後味の悪い思いを抱き，「言わなければよかった」と後悔することになります。
- また，周囲は「さわらぬ神にたたりなし」と思い，遠ざかってしまいます。したがって知らぬ間に孤立しやすくなっています。

3) アサーティブな自己表現【アサーティブ】 assertive

ノン・アサーティブは一見すると他者の思いを重視しており，アグレッシブは自分の思いが中心になっています。その2つのどちらでもない，自分も相手も大切にするコミュニケーションをアサーティブと言います。

①特　性
- 自分も相手も大切にしようとします。
- 自分の言論の自由のために自ら立ち上がり，同時に相手の言論の自由も尊重しようとします。
- 関係性に上下関係や，依存・支配の関係があるときは，アサーティブであることは難しくなります。

②行動の背景
- 人とズレ・違いがあって当たり前，葛藤があって当たり前だと思っています。無理に葛藤を避けようとしないということです。
- 他人との葛藤にすぐさま折れて相手に譲る必要はないと知っていて，相手が自分に同意してくれることを期待していません。
- 面倒がらずに意見を出し合い，譲ったり譲られたりしながら，双方にとって納得のいく結論を出そうとします。この態度は話し合いのなかで互いのコンセンサスを得ようと努力する態度と言えるでしょう。

アサーティブな関係は，当事者である人たちの関係によってつくられます。

［アサーティブでいることで……］
- 双方共にすがすがしく，さわやか。互いに大切にされたという気持ちをもてます。
- 話し合いにより，自分の考えに固執せず，より豊かな創意工夫が生まれ，満足のいく妥協案が出せる可能性があります。ただし，互いに納得できる結論に至るまでに，時間がかかることがあるでしょう。このことは，話し合いによるコンセンサスを得る場面と同じであると言えます。
- 葛藤に向き合う辛抱強さが必要です。

を何度も言われました。やんわりと遠回しに，その時の心理状態を話しましたが，受け入れられた感じはありませんでした。話しても無駄だなという判断が起こり，「すみませんでした」ということにしておこうと決めました。

しばらくして，ある時，先生から私に「なぜ緑内障に気づいて，検査に来たか」と質問されました。私は，家系的なものと，自分の見え方に違和感があったので検査を申し入れた経緯を話しました。父の病気の発見が少しでも早かったらよかったのにと思うことや，自分もいずれあのようになるかと思うと怖い気持ちがあることも話しました。すると，先生は，「あなたの場合は，まだ発見が早かったし，このごろは薬が良くなってきているからだいぶ状況が違う」と話してくれました。私の気持ちを受け止めてくれた感じがありました。つい最近ではiPS細胞の話から，「網膜を取り換える手術もできているので，いずれあなたにも適用できる日が来ますよ，お父さんにも長生きしてもらってください」と言われました。私は「楽しみですね。大いに期待しています」と応えました。そんな些細な会話ですが，私の不安は小さくなり，病気を受け入れ，治療に前向きな気持ちになっています。何かあったら，なんでも話せる関係に変わっていったと思います。

最初の私は，自分の気持ちと行動を説明したいと思いましたができませんでした。先生は怒っているし，診察してもらっているのだからきちんとできない私が悪いという判断です。このように言いたいことが言えないのは，ノン・アサーティブです。いろいろなことに配慮したり気を使うことによってものが言えないということが起こります。この時は，先生の方が権威があるという上下関係を無意識にもち込んでいる私がいます。その後の先生からの問いかけにきちんと応え，伝えたいことが言えている状況はアサーティブと言えるでしょう。遠慮なく，聞かれたことを率直に表現できました。そのことに対して，先生からも応答があり，私たちはアサーティブな関係をつくり上げることができました。

④「アサーション」：互いに納得のいくコミュニケーションをめざして

[アサーティブになるために……]

- 自分は，誰に対して，どんな時にアサーティブでありにくいのかを知るということです。人は誰でも，いつでもどこでも同じ態度でいられるということはありえません。その時の相手との関係，場の状況などに左右されます。そして，3つのかかわり方を無意識に使い分けているものです。しかし，誰にもどちらかと言うと，いつもアサーティブであるとか，ノン・アサーティブであるという傾向はあります。それを把握し，自分はどんな時に特にアサーティブでいられないのだろうかを考えてみるとよいでしょう。まず，自分の傾向を知っておきましょう。

- 相手の受け止め方を気にするよりも，まずは自分の気持ちを表現することをアサーションは推奨しています。特に日本人には，相手のことを配慮して言わないでいることが多い国民性があります。お互いが配慮し合って言いたいことを言わなかったら，自分のありたいようにそこにいられないということになります。また，自分が相手に配慮していると思っていることは，相手にとってうれしいことなのか，本当に必要な配慮は何なのか，自分の都合や，自分の思いの押し付けではないか，考えてみる必要があると思います。

　しかし，その場で思っていることを何もかも言ってしまうことがアサーションではありません。自分が今はこうするのだと決め，覚悟をもってする態度，それが自分で決めたアサーティブな態度と言えます。3つのうちのどのかかわり方を利用するのかは，その時の状況や自分の気持ちに応じて，自分で決めてよいのです。ここはこうしておこうということを決めることもアサーティブです。それは自分で決めなければいけないし，そこから起きてきた結果には，責任を負うことを自覚しておくことが求められます。それがアサーティブな姿勢です。たとえ，自分の意見と違った結果になっていこうとも，決断をしたのですから，それに従うことがアサーティブとなるわけです。

- 自分も相手も等しくアサーティブであってよいという権利をもっていることを常に自覚していましょう。自分の思いを率直に述べてみることと同時に，他者も自分の思いを率直に述べる権利があることを忘れないでいましょう。自分も他者もアサーティブでいることも認め合うことがアサーションなのです。

もし「感じが悪い先生だけど仕方がない」という思いでいたら，先生の些細な言動に私は怒りを爆発させていたかもしれません。あるいは，診断内容に疑問を抱くようになったり，通知をしないで病院を変えるという手段に出たかもしれません。それはアグレッシブでしょう。

また先生の方も，私の方に歩み寄ってくださいました。何を思って質問されたかはわかりませんが，関係を変えるきっかけをつくってくださったのは事実です。上下関係というのはどこにでも存在します。自分が上の立場に立った時，相手にものを言わせない状況をできるだけつくらないようにしていきたいなと思います。

❖ **アサーションがめざすもの**

アサーションは，よりよいコミュニケーションとしての究極の理想形と言えるでしょう。いつでもどこでもアサーティブでいられたら，こんなに素晴らしいことはありません。アサーティブでいることを誰もができたなら，地球上の紛争は一掃でき，平和で幸せな世の中がつくれるでしょう。しかし，それができないのが人間です。どうしても他より優位に立ちたいという思いから逃れられないからでしょうか。

また，アサーティブであるためのコミュニケーションの基本には「他者への尊敬」があると思います。お互いに相手を尊敬する思いがあれば，対等な関係性に向けて，自らオープンであり続けることができ，ものが言いやすい関係がつくられていくのではないでしょうか。人間関係は，人間誰もの永遠の課題です。少しでも，私が私らしく，あなたがあなたらしくいられる場を多くもてるように，「今ここ」で起こっていることを取り上げ，体験から学んでいくように互いに努力していきたいものです。

文　献

ウォレン, J. 感情の波　BEC教育シリーズ4　BECサービス

津村俊充（2012）．プロセス・エデュケーション―学びを支援

するファシリテーションの理論と実際　金子書房
津村俊充・山口真人［編］南山短期大学人間関係科［監修］（2005）．人間関係トレーニング―私を育てる教育への人間学的アプローチ　第2版　ナカニシヤ出版

ハヤカワ, S. L.／大久保忠利［訳］（1985）．思考と行動における言語　原著第四版　岩波書店
平木典子（1993）．アサーショントレーニング―さわやかな「自己表現」のために　日本・精神技術研究所　金子書房

6 組織の中の女性

　女性が働くこと，家の外で活動することは，現代では当たり前のことになっています。
　さまざまな組織で生きる女性にとって，必要なことはなんでしょう。家事やプライベートとの両立を上手にして収入を得るだけでなく，毎日の人とのかかわりの中で，どのような生き方ができるでしょう。この章では，組織で生きるにあたって，自分自身の人生のために知っておきたいこと，また意識してみることでものの見方が深まり，よりよい関係づくりができるヒントを具体的な事例をあげて紹介していきます。
　まずは，自分が毎日人とかかわって生きているなかで，自分を形成しているのだということを知ることです。自分自身を知ることで，いろいろな角度から自分を見る引き出しをもつことができます。人が人とのかかわりから自己の可能性を広げ，成長していく仕組みを理解することが大切です。
　次に，人と人の集まりであるグループがどのような過程を経て，各々が知り合い成熟した仲間となっていくのか，その過程と仕組みを理解することです。新しいグループでは不安定な時期を経て，それぞれがかかわりを深めていくものですから，早期に合う人合わない人ということだけで関係を決めてしまうのはもったいないことかもしれません。
　噂や憶測の形で，情報が入ってくることもあります。そういうものに惑わされず，自分自身の目で見て感じたものを信じることも忘れたくないものです。
　また，グループや組織の機能についても知ることです。リーダーシップの2つの機能を理解し，それを見るためのグループプロセスの意味を知ることが大切です。組織の一員であっても，リーダーシップをとることができ，各々がその役割を意識して果たすことが生産性の高い，居心地のいい組織をつくることに役立つのです。
　こうしたことを知ることで，組織で生きることそのものが，それぞれの場でのよりよい社会づくりにつながることになるのです。

① 自分自身を磨く

❖ 組織とは

　組織ということばから思い浮かぶのは，会社組織，官僚組織，警察組織，秘密組織などです。固い感じのことばが並びますが，社会科学の定義で言うと，「組織」とは，「共通の目標を有し，目標達成のために協議を行う，何らかの手段で統制された複数の人々の行為やコミュニケーションによって構成されるシステムのことである」とあります。組織は，それ自体がなんらかの目標をもっており，その目標達成のために成員が協働する場ということになります。一般には組織には階層構造が存在し，公式に定められた権限関係が存在します。組織図によって表わされるもので，会社組織で言えば，たとえば「取締役社長—○○部—×

×課」のように公式的に組織構造を明示できるものを公式組織と言います。いわゆる，上下の関係があり，管理する側，される側という関係になっています。仕事の権限など，明示された規約で統制されています。また，公式組織とは異なる，成員間の個人的・人間的なつながりから生じる組織構造を，非公式組織と言います。たとえば，趣味や飲み会を通じて生じる，公式的には確認することのできない個人的なつながりを言い，公式組織には存在しない成員間のつながりや公式組織とは異なる種類の関係を組織にもたらし，組織全体の情報伝達やコミュニケーションに影響を与えます。
　家の外で活動をする女性が所属しているのは，こうした「組織」という集団です。企業，会社，病院，役所，学校，ボランティア団体，宗教団体，任意団体，労働組合などがそれにあたると思いま

す。広い意味では地域や家庭の集まりも，組織活動の範疇に入ると思いますが，それは，別の章で取り上げることにして，この章では一般的な公式組織である「職場」で生きる女性を中心に取り上げて，話を進めていきたいと思います。

「組織の中の女性」というと，キャリアウーマンをイメージして，自分とは，程遠い世界のことと思ってしまうかもしれないですが，「組織」をこのように定義して考えてみると，大企業であれ，小さな事務所であれ，NPO職員であれ，正社員であれ，パートタイマーであれ，実は，外で働くほとんどの女性にとって，身近で，日常的で，経験のある世界のことなのだと思います。

✣ 人は職場でつくられる

私が仕事を再開した時，発達心理を専門とする知人から「人は職場でつくられる」と言われたことがあります。どんな職場であれ，ある目標のために複数の人が協働して，一定のルールと契約の中で毎日を過ごしていくことは，簡単なことではありません。新しい経験からこれまでの価値観が揺さぶられることがあったり，失敗して何かを学んだり，思うようにいかなくてはじめて自分に必要なことに気づいたり，そうすることから，これまでにないものを自分の中に積み上げていくことができるのが，職場だという意味だととらえました。

一口に職場と言っても，時代とともに変化してきたように感じます。30年以上前，私の職場では，始業前に机の掃除と全員にいれたてのお茶を配るのは女性社員の当番でした。女性は職場の花ともてはやされたり，昇給は男性と明らかに違いがあったり，責任のある仕事にはなかなかつかせてもらえないなどということが多かったように思います。また，そうしたことに女性社員が疑問をもつことに対して，社内に見えない圧力があったように感じていました。

その後，「労働基準法」「男女雇用機会均等法」「育児・介護休業法」など雇用されて働く女性の出産・育児を守る法律が整備され，ゆっくりではありますが，社会は働く女性を後押ししてくれるようになったと思います。それでもまだ，待機児童の問題は深刻で，社会制度は追いついてはいま

せんし，女性が思う存分働ける環境ではないとも言えます。しかし，少なくとも周りの人々，家族や親の助けを借りれば，働き続けることもできるようになってきています。また，一度家庭に入った女性が，子供が少し大きくなり，自分に合った働き方で再び就職することもできるようになってきました。時代を経て，女性の社会進出も選択肢が広がってきているようです。

では，その現場で働く女性はどんな気持ちでいるのでしょう。ある医療法人の組織で働く女性たちの話を聞く機会がありました。「一生仕事を続けていくには何が必要か」というテーマの中で，必要なものとして，「家族の協力」「健康」「自分のモチベーション・意欲・目標」というものがあがっていました。これは，どの仕事に就いている女性にも共通することではないのかなと感じました。周りの支え，自己管理，仕事に対する向上心・目標や使命感，そういうものを意識しながら毎日を過ごすことは，女性を，人間を，「つくる」ことに他ならない気がします。

✣ かかわりを通して自分を知る

仕事とプライベートの生活の両立，家族とのかかわりと仕事の責任。いろいろな役割を果たしながら，そのバランスを上手にとっていくには，何が必要なのでしょうか。過剰なストレスから身を守り，しなやかに，また意欲的に毎日を過ごしていくには，何が大事なのでしょう。家庭生活をしながら仕事をしていく時，女性の誰もが迷い，立ち止まる問いなのかもしれません。

4章で，「自己概念」ということばが出てきました。「私は○○である」という自分自身が意識できている自分自身のこと，気づいている認識できている自分自身です。これをまず整理して自分でしっかりもつこと。それが，大事になってくるのだと思います。比較的ひとりきりで，あまり人とかかわることもなく毎日を過ごすのであれば，さほど不都合もなく自分の思うようにやっていけるのかもしれません。でも，人はなかなかそういうわけにはいきません。ましてや，仕事の場では，多くの人とかかわりをもちながら組織の一員として責任を負って仕事をしていくことを求められます。家庭にあっては，母親として育児，子育ての

責任，夫を支える妻としての役目もあります。そのうえ親たちを看ていく娘として嫁としての立場や役割がある女性にとっては，男性のそれよりも，さらに多くのことを期待され，頼りにされ，それを感じながら過ごしていくことになります。やるべきことが多く，考えなければならないことが多岐にわたり，何をどうしていくのか判断と決断を求められ，何もかも自分で引き受けてやろうとすれば，自分はたえず周りに振り回されている感じになってしまうのではないでしょうか。時間も自由もない，逃げ道のない奴隷のようです。それでは大変ですね。

そんな時は，まず，落ち着いて自分自身の状態に気づくことです。自分のことは自分が一番よくわかっていると思いがちなのですが，実は周りの人には見えていて，自分にはまったく見えていない部分もあるものです。少し意識して人とかかわるとき自分がどう感じ，どう振る舞い，どう相手にかかわるのか，そして相手にどんな影響を与えるのか，それに気づいていれば，相手の反応も理解でき，よりよいかかわり方も選択できるかもしれません。

「おはようございます」毎朝，職場で交わすあいさつです。形式になってしまっているので，そのことを特別に意識などしないことも多いでしょう。ですが，たまにオフィスの入り口で一緒になった同僚から，いつものように交わすあいさつの時，「あれ，なんか元気ないね」と思わぬことばをもらうこともあります。自分では，まったく気づいていないので意外でもあり，びっくりして，「そんなことないよ」ととっさに返すかもしれません。ですが，相手から見たら，「元気がないように見える」のです。一瞬のことなので，相手の勘違いということもあるでしょうが，もしかしたら自分が意識できていない心や体の状態が，顔色や表情に現われていたのかもしれません。それを見た相手が，見えたままを教えてくれたとも考えられます。「そうかしら？そういえば，昨日，夜遅くまで起きていたから寝不足で，言われてみたらちょっと満員電車でもつらかったし，体調悪いのかもしれない」と自分自身を意識できるかもしれません。「昨夜，実家の母の具合がよくないと電話があったことを，あれこれ考えていたから，それが少し顔に出たのかしら。よく見ていてくれるな」と，心の様子が現われていたことを知ることもできます。そして，仲の良い同僚であれば，昼休みにでも心の内を聞いてもらって，気持ちの整理をすることもできるでしょう。

ちょっとしたことですが，自分の見えていない自分のことを言ってもらうことで，初めて気づいたり，また，次の展開に行動を広げていったりできるのです。日常の些細なことだから，忙しさに流してしまいがちですが，些細なことだからこそ，ちょっと意識をもつことで，自分や人とのかかわりを広げることができます。それと同時に，相手にも自分の見えたこと，感じたことを伝えることで，相手との関係も深まります。そうすることの積み重ねは，おそらく，日常に流されていくような不安で頼りない自分自身を取り戻し，周りの人との関係も確かなものとなり，自分にとっても，相手にとっても自然で楽なものにしてくれるのではないでしょうか。

序章で紹介したジョハリの窓は，いろいろな自分を気づかせてくれます。気づきにも，いろいろあります。先の例では，「なんか元気ないね」という同僚のことばから，「寝不足のせいで，自分自身の表情や体調がいつもと違ったのかもしれない」とふりかえり，それは，「自分の内面からくる，疲れや心配のせいかしら」というように，自分のからだの側面から心理的な側面に気づくことができました。そして，「とっさに『そんなことないよ』と反応してしまったけれど，本当は違うのに，こういうとき，つい，そんなふうに返してしまうなぁ」と，自分の社会的な側面（外に対しての反応の傾向やいつのまにかしている癖のようなもの）までとらえることができるのです。

こんなふうに，日常の些細な場面で，自分に気づくことはできます。そして，からだの側面，心理的な側面，社会的な側面を整理してときどき意識できれば，それが，自分自身をつくる土台になります。人は，いろいろな人とのかかわりや，変化する状況の中でまさに生きているのですから，いつも，理想的な完璧な人間でいるなんてことはできません。いろいろな影響を受けながら，反応を出しながら変化を繰り返して生きているわけです。良いも悪いもありません。気づきは，反省と

は違います。反省というと，悪いところを認め，改善するために自分を見るという評価的な意味合いがあります。それに対して，気づきは，自分自身がしていたことが，純粋に，どうだったのかを知ることです。「できるだけありのままを，知るために，できれば多くの人から見えていたことを教えてもらって，自分を知る手がかりにする」ということです。そして，自分で気づいたことを，周りに伝えれば，それが，自己開示となり，お互いに自己開示とフィードバックを促進し合える関係になることは，前述のとおり（☞序章4,5頁）です。

　介護や子供の反抗など日常の困難な状況や，職場の待遇，経済的な問題など課題の大きい現実を仕方がないと耐えていくのは，からだと心に負担をかけます。いわゆる大きなストレスです。毎日，長時間，長い年月であれば，なおさらです。今のところ，問題なくできているという場合でも，自己開示とフィードバックがしやすい関係なら，さらに，自分の可能性を広げ，やりたいことを周りとの関係をとりながら無理のない形でしていけることにつながります。自分の周りを広く見渡して，少なくとも自分とかかわれる人たちとの中で，自分自身に新しい気づきが見つけられそうなことはないでしょうか。「何か変えられそうな点はないかな」と，前向きに取り組んでみるためにも，まずは，ちょっと立ち止まって，自分自身の整理をすることから始めてみてはどうでしょう。自分が立つ基盤となる土台をつくることが，過剰なストレスから身を守り，しなやかに生きるための第一歩かもしれません。

　"自分探し"は，ちょっとブームにもなったことがありますが，探すことが目的ではなく，その先に意味や目的があるはずです。自分自身をよく知ることは，自分の周りとの関係を変えることや，しっくりいかないと感じることを改善することに役に立ちます。また，自分の仕事への取り組みを変えるきっかけになり，仕事の質を向上させることや生きる目標ややりがいを見出すことにもつながるものです。今の自分をよく見ることで，落ち着いて，自分で歩きだすための準備として，自分自身を掘り起こし，人とのかかわりから，気づきを得ることは，大きな意味があるのです。

❖　自己概念と人間の成長

　自分で自分（自己概念）をよく知ることや，他者からのフィードバックが，周りとの関係をよりよくし，自分のやりたいこと（自己実現）をやりやすくする可能性を広げてくれることにつながるとお話しました。つまり，人間の成長につながっ

●ミニレクチャー　自己概念と自己成長

　自己概念は自分で自分をどのようにとらえているかという，自分に対する見方のことを言います。生まれてからこれまでの間の経験や出会った人とのかかわりからつくられるものです。そしてそれには肯定的なものも，否定的なものも含まれます。人に文字を褒められた経験から「私は字が綺麗に書ける」など自分の能力に関するもの，服のサイズがぴったり合わないことから「身長の割に手足が短いな」など身体に関するもの，いつも学級委員に選ばれるという経験や「教えるのがうまいね，先生に向いているよ」と言われるなど役割や職業に関するもの，「あなたならそう言うと思った」と言われる体験から自分のものの見方や考え方の傾向を知ったり，「好きな色は？」と言われるといつも同じ色が浮かび，それを答えるなど考えや好み，自分に関するあらゆるものを含みます。そして，私たちは生きている限り，その時々に新しい経験をしているので，すべての経験がそれまで築いてきた自己概念と一致しているわけではありません。時には，「いつも控え目なあなたがそんなことを言い出すとは思わなかったわ。意外ね」と言われてしまうなどということもあります。自分ではまったく控え目だとは思っていないのに，そう見えていた自分。そしてどうしてもはっきり主張したいと感じた自分。これまで意識したことのない自分の内面を発見することもあります。自己概念と一致しない経験から得たものは，新しい自己概念としてこれまでのものに付け加えられたり，修正されたりします。また内面的な過程の中では，自己概念が自分の価値を決めているかのように考えてしまう傾向があります。そして自己概念に合うように自分の行動などを実現しなければ，自分は価値がないように感じてしまったり，今もっている自己概念を壊されたり失ったりしたくな

ていくのですが，それはどんなメカニズムなのでしょうか。

「私は，仕事ができる女性だ」という自己概念をもつA子さんがいるとします。経理部で永年経理事務を担当してきており，帳簿管理や，取引先の入金管理を任されています。必要書類の整理やファイリングの管理も正確で，「何がどこにあるのか，知りたいときはA子さんに聞けば，すべてわかる」と言われています。自分の自己概念と，周りの人から言われていること，認められていること（自分にとっては経験）が一致する時，自己概念は，すんなり受け入れられるものです（図6-1 Ⅰの領域）。

「私は，仕事ができる女性だ」という自己概念をもつB子さんがいるとします。営業経験があり，男性にも負けずに仕事を頑張るという自負があり，残業もいとわず，取引先とのつきあいにも積極的に参加してきました。でも，なかなか契約がとれません。自分はこんなに頑張っているのにと，契約がとれないという現実が受け止められません。自己概念と経験が一致しない状態です。そういう時は，「私は仕事ができるのに，一緒に仕事をしている部下のKさんのせいでうまくいかないのだわ」とか「うちの商品が，他の会社の製品よりも値段が高いせいで，なかなか契約につながらないのよ」と，他人や環境を原因にしようとします。また「断ってきたあの取引先は，うちの商品の価値が理解できないのよ。もっといい取引先があるはずだわ」と得られなかった取引先の価値を下げて自分を納得させようとします。これを「合理化」と言います（図6-1 Ⅱの領域）。合理化は，葛藤や罪悪感を伴う言動を正当化するために，社会的に承認されそうな理由づけを行う試みで，合理化が成功すると不安や葛藤は解消され，言動の真の意味は意識化されません。合理化の現われ方には，イソップ物語の「すっぱいブドウ」式の言い訳（手に入らないブドウはきっとすっぱくてまずいと思うこと）のほかにも，失敗を偶然的な原因に帰す場合や，言動の責任を外的な要因に求める場合などがあげられます。私たちは，普段の生活の中でも，合理化をたくさんしています。自分の自己概念に合わない経験をした時に，それをすんなり受け入れることができないものですから，無意識のうちに合理化をして処理していく，つまり"言い訳"をしたり"他人のせいにする"をしているのです。

合理化というと，何かよくないことのように思いますが，合理化はしてはいけないのではありません。合理化をすることによって，実は，私たちは何とか心の病気にならずに済んでいるという面

いと思ってしまうのです。

そのような時，他者とのかかわりの中で，自己概念に一致している経験は受け入れやすく自己概念に組み込まれ強化されますが，自己概念と一致しない経験は自分の経験として認めることができなかったり，自己と一致するように今自分が経験していることを歪めて解釈したり，または自己概念に一致する経験だけを選択して知覚したりします。

　C. R. ロジャーズは，図6-1に示したようなパーソナリティのモデルを提唱し，自己概念と経験との関係を次のように考えています。図に示される自己概念と経験が一致している領域（Ⅰ）では，自己概念と経験が矛盾しません。思ったとおりで納得がいくので，経験した自己を歪めることなくありのままにとらえることができます。たとえば「私は成績がいい」という自己概念に対して，「定期テストの成績はクラスで1番だった」という経験の場合などです。「やっぱり私は成績がいいわ」とありのままに受け入れられます。しかし（Ⅱ）の領域では，自己概念が経験と合わないことから，自分や周りに不安を生じ，一致しない経験はなんらかの恐れをもって知覚されます。「私は成績がいい」という自己概念に対して，「定期テストの結果がクラスの平均以下だった」という場合，「こんな成績でどうしよう。周りの人にどう思われるだろう」という不安や恐れを抱きます。「今まで築いてきた私が崩れてしまう」，いわば，自己概念が崩れてしまうことへの恐れから，「この日は体調が悪かったから仕方がないわ」など

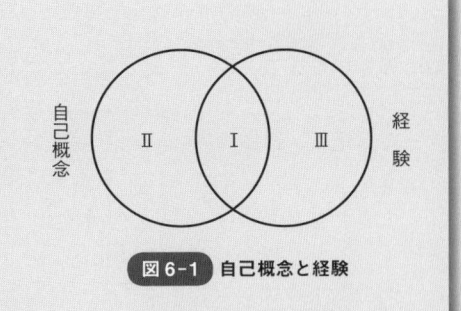

図6-1 自己概念と経験

の合理化,「先生がわざと私に意地悪して苦手な問題を出したせいだわ」という投射,歪曲,「きっと何かの間違いだわ。採点ミスかもしれない」「他の人はたまたま塾でやった問題と同じだったのよ」などの空想が起こります。一方,(Ⅲ)の領域では,自己概念と経験が著しく矛盾することにより,抑圧と呼ばれる防衛が起こり,「こんなのは私じゃない」と自分にはありえないことと,意識外に押し込めてしまうようになります。こうした(Ⅱ)(Ⅲ)の領域にみられる混乱は,一見よくないことのようですが,私たちにとって必ずしも悪いことではありません。その不一致に目を向けることで,現実に起こっていることに対して私たちがよりありのままの自分を見ていくためのきっかけとなり,それを機に自己概念を修正したり経験を広くとらえることにより,経験と自己概念を統合することへと向かうことが可能になるのです。いわば,その時に自己成長が起こると考えられるわけです。

自己概念の変容を支える要因として次の2つがあげられます。

①無条件の関心 1つは,「自分がそんなふうでは価値がない」と思えてくる条件(価値の条件)が少なくなることです。そして自分に対する無条件の関心,「私はありのままでいいのだ」と思えることが増えることです。実際には,それが起こるのは自分が重要な関係をもった人からの無条件の肯定的関心,存在そのものに示された関心を伝えられることがその1つの道になります。

もあるのです。これは,ある意味では大事なことです。しかし,合理化ばかりしている人は成長しません。なぜなら,せっかく経験したことをその時受け入れずに捨ててしまうからです。B子さんの例で言えば,契約がとれない真の原因や断ってきた取引先の本当の理由を詳しく知ることがないまま,済ませてしまうことになるからです。

さらにもう1つ,合理化もできない場合があります。こちらは「抑圧」と言います。これは経験したことすら受け入れられない状態です(図6-1 Ⅲの領域)。その人にとって自己概念と経験が著しく矛盾すること,確かにしているのに,その出来事を忘れてしまったかのように振る舞うことや,もってはいけないと思う感情を抱いていることを,意識外に押し込めてしまうことなどがあげられます。たとえば,出勤時間のいつもの駅で,間に合うつもりで,すでにホームにいる電車に飛び乗ろうとした,その瞬間に,ほんの鼻の先で扉が閉まってしまった時,とっさに何事もなかったように,その電車に乗るつもりなどまったくなかったかのように,反対ホームの側を向いて歩き出してしまうというようなことは,日常だれしも経験があるかもしれません。電車に乗り遅れた事実をなかったことにする。そのこと自体を,自分の意識の中でも忘れてしまったことにして,自分の気持ちの乱れや羞恥心を回避することです。かっこ悪い自分を受け入れられない,そんな反応かもしれません。

心理学事典によると,抑圧は,その観念,感情,思考,空想,記憶を意識から締め出そうとする無意識的な心理的作用を言い,意識外に押し込めることで,不安や抑うつ,罪悪感や恥などの不快な感情の体験を弱めたり,避けることによって心理的な安定を保つために用いられる心理作用とあります。苦痛となる感情や危険な欲望を意識から締め出す抑圧は,空想や病気への逃避,反社会的な欲求や感情を社会的に受け入れられる方向へと置き換える昇華などとともに,強い葛藤や身体的,社会的に脅威にさらされたり,自己の存在を否定されたりというように自我が脅かされた時,直接的な欲求の充足を求める衝動に対抗し,不安の発生を防ぎ,心の安定と調和を図るためにとられる自我による無意識の調整機能です。これらを防衛と言います。そして,そのためにとられる手段を防衛機制と言います。

防衛機制自体は,誰にでも認められる正常な心理的作用で,通常は単独ではなく,他のものと共に関連し合いながら作用します。しかし,特定のものが常習的に柔軟性を欠いて用いられると病的な症状や,性格特性となってさまざまな不適応状態として表面化することになります。

ここでは,非常に極端な部分も含めてお話しましたが,狭い自己概念だけをもっていると,いろいろな経験を受け入れられなくなってしまいます。ひどい時には,病気にさえなってしまいますし,出会った人を受け入れられなくなって孤独になっ

たとえば,「自分はこうあるべきで,そうでないとダメなんだ」とくよくよしているような時にも,「あなたがいてくれるだけでうれしい」「あなたといるとほっとして安心できるよ」と大切に思う人に伝えられると,自分の根底を支えられることになり,自分そのものの価値を認めつつ,経験と自己概念とのズレを直視する勇気が湧いてくるのだと思います。

②共感的理解　もう1つは,共感的理解です。共感的理解が示された時,「こうあるべき」という価値の条件は弱められて,「こういう私もあっていいのだ」という自己肯定的な関心が増えるのです。たとえば,仕事でうまくいかなかった時に,「ちゃんとやらなくては,自分はだめだ。価値がない」と感じている時に,同僚に「せっかく頑張ったのに残念だったね。精一杯やったんだし,仕方がなかったんだよ。とても大変な状況だったのだから」と言ってもらう。そうすることで,ちゃんとしなくてはという脅威は減少し,この失敗はだれにも知られたくないという防衛は弱まり,脅威のもとになった経験は正確に認識され,自分の足りなかったところ,状況から仕方がなかったところが冷静に整理されて,自己概念の中に統合されていくのです。経験したことを,ひとりで考え込んだり,落ち込んだりしていては自己概念の変容は起こりにくいものですが,他者とのかかわりの中で感じたことを伝え合うことから,そこに起こっている体験を直視することが容易になり,自己概念を広げていく,自己成長をしていく,つまり「自分となっていく」ということができるようになるのです。

てしまうかもしれません。精神的,心理的に参っている人などは,もしかすると自己概念と合わない経験をたくさんしていて,それが受け入れられなくて困っているのかもしれません。ですが,自己概念と合わない経験は,必ずしも悪いことばかりではありません。葛藤と向き合うことは,1つのきっかけになり,新しい自己概念を得て,自分の幅を広げるチャンスにもなるのです。

私たちは,生きていくなかでさまざまなことに出会っています。人々の動きに対して,何かを与えたり,何かを取り入れたり,働きかけをしたり,働きかけてもらったりして,生きているのです。その時,すべてが初めて出会うことばかりだとどうでしょう？何から始めればいいのか,どんな具合がいいのか,何をされるのか,何の手がかりも予想もたたないなかで,毎日生きなければいけないとしたら,不安で,頼りなくて,それでもやっていかなければならないとしたら,相当なエネルギーがいるのではないでしょうか。私たちがこれまで経験から知っている判断の枠組みや,習慣化している物事の進め方,考え方などがあるからこそ,自分が周囲にうまく適応できるのでしょう。自己概念は,その意味で自分が周囲にどのように適応していくか,そのための行動を決めていくのに役に立っていると考えられるのです。

自己概念と経験が一致する部分が大きい(図6-1のIの領域が大きく,II,IIIの領域は小さい)ということは,自分にはいろいろなところがあることを認めている状態です。その分,経験したことをそのまま受け入れられるということになります。「私がこうしたから,こんな反応が相手からあったのか」「私のこの部分が,相手にとっては,こんなふうに感じられたのかもしれないな」という具合に,経験したことをより多く,自分のものとして受け入れることができるということです。

広い自己概念,豊かな自己概念をもっていると,経験したことをどんどん生かせるようになります。たとえば,自分が担当の仕事を急な用事で休む間,同僚に頼む時,相手にどう思われるかが気になり,気を遣い過ぎて言い出せず,自分が疲れてしまうという傾向があるとします。そうであれば,思い切ってお願いをしてみることで自分の心の負担を軽くできるかもしれません。反対に,自分が相手のことに気づかないことで,相手に誤解されやすいとわかれば,悪気がないことをわかってもらい,気がつかない方なので気軽に頼んでもらいたいことを伝えます。そうすることで相手からネガティブな反応をもらうこともなく,自分が困った時に気持ちよく周りの援助を受けることができるようになっていくでしょう。少しずつ,自分自身に気づき,深く知ることを習慣にできれば,周りとの関係もさらによりよいものに変えていくこともできていくでしょう。こんなふうに,「ああ,それなら,今度は,こんなところに気をつけて伝えてみよう」「こうすれば,相手にこちらの事情をわ

かってもらえるんじゃないか」など新しい試みを生みまた経験し、私たちはいっそう成長していくことになります。

特に、人との出会いということを考えてみると、わかりやすいかもしれません。私たちの周りには、いろいろな人がやってきます。「合わないなぁ」と感じる人の場合もあるでしょう。自分のもっている自己概念ですっきり受け入れられる反応を返してくれるとは限りません。職場では、転勤してきた上司や、一緒にプロジェクトを担当するパートナーが、そういう人であることもあるでしょう。そんな時、やりにくいなと心理的な抵抗感があっても仕事だから受け入れないといけない、と思っているのはつらいものです。でも、「この人とのかかわりから私の新しい自己概念をつくることができそうだ」と関心をもってかかわってみようとすれば、随分気分は違ってくると思います。

② 仲間づくりがチームワークを生む

2012年のロンドンオリンピックでは、日本人選手の活躍が目覚ましく印象に残りました。女子サッカーなでしこジャパンの活躍、水泳女子メドレーリレー、女子卓球団体、女子バドミントンダブルス、女子バレーボールなど、女子チームの活躍も目立った大会でした。テレビの画像からでもわかる、チーム一丸となってのプレイ。一人ひとりが、自分のもてる技、力を発揮し、チームメイトを信じて闘っている様。まさにチームワークの勝利が多くの感動を生んだのだろうと思います。

これを職場のチームに置き換えて考えてみたらどうでしょう。仕事の現場で何人かのチームや課で1つのプロジェクトを担当することもあります。先輩、後輩の関係はもちろんあります。上司と部下は、監督と選手の関係に近いのでしょうか。また、プロジェクトであれば、責任者であるリーダーがキャプテンの存在に似ています。いろいろな役割、持ち味をもった成員（メンバー）が、1つの仕事の目標に向けて、協力しながら力を出し合い務めます。ものづくりの現場では生産性を上げること、サービス業ではお客様の役に立ついい仕事をすること、また、医療の現場では患者の治療にあたること、教育の現場では、一人ひとりに可能性を切り開く力、生きる力をつける教育をすることなど、オリンピック競技で金メダルをめざすように、さまざまな現場には期待される使命や目標があります。その目標に向けチームワークを発揮し、最善の仕事をして最大の成果を得るには知っておきたいことがあります。

新しいチームをつくるとき、メンバー同士の信頼関係は、どう築いていったらいいのでしょうか。合わない人と仕事をするのは、大きなストレスだとよく言われます。職場の悩みは人間関係が第1位というアンケート結果もあったほどです。すべてではないと思いますが、うつ病やパニック障害の遠因ではないかなどと言う人もあります。それ

●ミニレクチャー　4つの懸念

ジャック・R・ギブ（1964）は、「人間は、自分自身および他人をよりよく受容するようになることを通して成長することを学ぶ」と考えています。その受容することの障害になっているのが、恐怖や不信頼という防衛的な感情です。こうした感情は人が生きていくうえで避けられないものであり、よく知らない他人とかかわる際には、自分にとって安全な人かどうか確かめるまでは簡単に信用できないという気持ちにもなるものです。集団で活動する際には、それぞれの成員がもっている恐怖や不信頼をどのように低減させていき、いかに相互信頼の風土をつくりあげることができるかを学ぶことによって、個人の成長をはかることができるのです。ギブは私たちのさまざまな社会的な相互作用の中に、他者との関係の中での恐怖や不信頼に由来する4つの懸念があると仮定しています。見ず知らずの新しいメンバー数人で、一緒に活動をすることになったと想像してみください。知り合いは一人もいません。これからしばらく一緒に活動をしなければなりません。

1）受容懸念

メンバーの一員として受け入れてもらえるのかどうか、また、他者を受け入れることができるのかどう

くらい職場での人間関係のストレスは人に生きにくさを感じさせます。そうしたストレスはどうして減らないのでしょう。かつては，職場の運動会，ボーリング大会など親睦の場がありました。上司と部下，先輩と後輩がカウンターで仕事のことを肴に飲むことが日常的な時代もありました。今もあるとは思いますが少なくなった気がします。終業後はプライベートの時間ということで，上司が無理に酒の席に部下を誘ったとすれば，パワハラとも言われかねないし，相手が女性社員であれば酔って場を和ませる冗談を言ったつもりがセクハラになってしまいかねないのです。ハラスメントと言われないように気をつけるあまり，上司，同僚含めて仕事の時間以外の交流が難しくなっているのだろうと思います。職場の人とのかかわりが仕事の場に限られてしまい，気持ちの交流をもつ機会が少ないことがストレス社会を生み出している1つの理由でしょう。またインフォーマルな関係においても，人間関係で困ったことや悩みをなかなか人に打ち明ける機会がないことがあげられます。交流の少ない先輩や同僚に言うこともためらわれ，ひとり暮らしで家族や友人も身近にいなければ，打ち明ける相手も機会もつくることができません。職場で周りの誰かとうまくいかない状況で，誰にも相談できない状況だと，意識がそこに集中してしまって，仕事もはかどりません。思うことを正直に言えず，周りを信頼して何かを頼んだり，引受けたりすることも負担になりがちです。そんな誰にも言えないストレスが蓄積して，不眠，食欲不振など体調を崩す原因にもなります。そんな悩みを抱えて，どうにも耐えられず，職場でカウンセラーのいる診療室の扉を叩く人も年々増加していると聞きます。そうなる前に知っておきたいことがあります。チーム（グループ）で働くことになった時，互いにわかり合い信頼できる関係になるには，チーム（グループ）が変化・成長していく過程に注目してみましょう。人と人が初めて出会い，信頼できる関係になっていくまでの過程で，どんなことが起きてくるのかを考えてみます。

アメリカの社会心理学者，ジャック・R・ギブ（1964）は，他者との信頼関係が形成されていないと人間関係の中で必ず気がかりなことが起きてくると言っています。ギブはその気がかり（懸念）は次の4つの様相で現われると定義しています。

1) 受容懸念：グループの中で安心していられるか
2) データ流動懸念：コミュニケーションに関する心配。グループの中で葛藤や摩擦が生じることを恐れているか
3) 目標懸念：グループが今取り組んでいることに関心があるか
4) 統制懸念：誰かに頼っていたい気持ちが強いか

かにかかわる懸念です。メンバーの一員として相互に認めうるかに関するものであって，グループが成立した初期にはこの懸念は特に強く，しばしば，みせかけを装ったり，お行儀のよい行動をとったりすることでこの懸念を隠しておこうとします。メンバー相互に恐れと不信感が充ちている状態です。しかし，この懸念が「実は，ちょっと緊張しています」「○○さんもそうだと知ってホッとしました」などのように，表出され解消されてくると，見せかけの行動は少なくなり，徐々に相互の信頼が生まれ，自分および他者をあるがままに受け入れることができるようになります。

2) データ（流動的表出）懸念

　コミュニケーションに関連する懸念で，メンバーが行動を選択する時や意思決定をする時に現われる懸念です。初期にはメンバー相互の感じ方，物の見方，考え方やグループに対する態度がよくわからないので，「私はどのように動けばよいのか」「あの人は何を感じているのだろう」「こんなことを言っても大丈夫なのか」などグループの中で動くことを恐れ，あいまいに無難に行動しようとします。また自由にものが言いにくい感じになります。この懸念が解消されてくると，相互のコミュニケーションは偏りがなくなり多方向的になり，自由で開放的になってきます。グループの意思決定は誰かの支配的な意見ではなく，事実やそこで起きたことに基づいてなされ，適切な問題解決行動がなされるようになります。葛藤やネガティ

ブな感情もそのまま表現されるなど，相互に猜疑心はなくなり信頼感に基づいた行動がなされるようになります。

3）目標（形成）懸念
　グループの目標と生産性に関する懸念です。「グループが今していることがわからない」「やらされている感じがする」という形で，グループ形成の初期に出されることが多く，個人やグループに内在する活動に対する動機の差異に基づく恐怖や不信頼に由来するものです。相互に無関心で，「こうすべきなんじゃないか」「通常こういう場合は課題に基づいて……」など外から与えられた目標によってのみ動機づけられ行動しようとします。そのためグループへの参加度は低くなってしまいます。この懸念が解消されてくると，「こうしたい」「こうしよう」という自らの動機に基づいた行動がなされるようになり，与えられた目標でなく，自分たちの目標を創造するようになっていきます。葛藤，競争的な言動，無関心は減少し，「やってみよう」という雰囲気が生まれ，問題に積極的に取り組もうとする姿勢が増大してきます。メンバーは

　このギブの4つの懸念（気がかり）はどのようなことなのか具体的な例とともに考えていきましょう。

【あるショップの場合】
　ある旅行代理店のことです。駅の近くにある百貨店のブースに4人の店員が交代勤務をしています。メンバーは店長Oさん，ベテランYさん，入社1年になるFさん，入社半年のHさんです。店舗の統廃合があって，ここ3ヶ月の間に相次いで転勤の形でこのメンバーがこの店に配属となり，やっと落ち着いてきたところです。

1）あなたはいつも安心していられますか？
　Hさんは，初めてこの職場に来た時，とても緊張していました。旅行代理店の仕事は未経験で，専門知識もなく煩雑な事務にも自信がありません。懸命に職場に慣れようと思いながら，まだわからないことばかりです。Oさんは店長としてこの店に配属されたので，営業のことが気がかりで，新人のHさんの教育は実質Yさんに任せきりです。

　そんな中で事件が起こりました。得意客からのチケット予約の依頼を新人のHさんが電話で受けながらすっかり忘れてしまい，得意先からの督促により発覚，先輩のYさんの気転によりなんとか準備ができたものの，危うく大きなクレームにつながるところでした。

　この出来事をめぐり，Yさんは，Hさんに対してどうしてこういうことになったのかを問いただしました。お客様からの依頼や相談は，ショップのメンバー全員が共有できるように業務日報に記載するルールがあること，それを怠ったことで大きなクレームになりかけたことを伝えました。Hさんは，重大なミスをしてしまったことを知ると同時に，Yさんにきつく叱られてしまったように感じました。仕事のできるYさんのことは，普段から厳しい人だと感じていました。親切に教えてくれるのですが，Hさんにとってはテンポが速くてついていけないこともありました。この出来事をきっかけに，この仕事でやっていけるかと不安になっていきました。Yさんに何か言われることを恐れる気持ちも生まれてきました。

　Yさんは自分の過去の経験から，新人には何でも親切に教えてあげたいと思っていましたが，この事件で，自分の教え方が悪かったのか，本来店長のOさんが新人教育の責任者でもあるのにまったくタッチしないことが遠因なのか，わからなくなってしまいました。自分ばかりに責任を押し付けられてはいないかと不満にも思えてきました。

　まだ，お互いに関係性ができあがっていない時期は，何かとしっくりいきません。自分は受け入れられているのか，そうでないのか，互いにどのような人がそこにいるのかよくわからないので，不安感が強くなります。「不安でものが言えない」「相手に気を遣い過ぎて，言いたいことを抑えてしまう」などの徴候が見えます。これはグループの初期に出てくるものです。少し距離を感じ，警戒したり，ちょっとしたことに目くじらを立てるということもあるでしょう。他にも，「こんなことはわかっているだろうと，大事なことを伝えない」

現在グループの取り組んでいる仕事に強い関心を示し，そうでなければその方向を変更しようとするようになります。

4)（社会的）統制懸念

　グループの中で，相互にどのような影響を与え合っているかに関する懸念です。「このグループの中で私の果たすべき責任は何か」「このグループのボス的存在は誰だろうか」「誰かに頼りたい」「誰に従ったら自分に有利で居心地がよいか」などの形でグループの形成初期に表われるもので，ルールに強くこだわったり，メンバーの誰かに強く依存したり，時に相互に忠告がましくなったり，権力争いに発展したりします。この懸念が解消されてくると，誰か一人が仕切ろうとするというような外部からの統制は最小限になっていき，メンバーの役割の配分は，自由かつ適切になされるようになり，その変更も容易になります。互いが影響を及ぼし合いながら，相互依存に基づいた効果的なグループ活動がなされるようになります。

「私が手伝わなくてもやれるだろうと，困っていても手伝わない」ということも起こります。実際はどうなのか，相手に聞いてみる，確かめてみるというコミュニケーションをとらないまま物事が進んでいき，気持ちがしっくりいかないまま流れていくのです。そうなると雰囲気は悪くなり，居心地もよくないうえに，生産性も上がりません。仕事の世界では対外的な評判にもつながるでしょう。

2）あなたは，グループの中に摩擦や葛藤が生じることを怖れていますか？

　Yさんの中に生じた疑問や不満，そしてHさんに芽生えたYさんに対する怖れや不安は，毎日のかかわりの中でどう影響するでしょう。Yさんは，Fさんに自分の思いを話しました。

　Hさんを教えることの難しさ，O店長の立場を考えると自分が出過ぎてもいけないかという思いや，もっと店長にHさんを見てほしいという気持ちです。またHさんはOさんに相談します。Yさんの指導が厳し過ぎてついていけないこと。「基本的なことはOさんに教わっていないの？」とYさんに言われるたびに，自分が至らないばかりにOさんに申し訳なくて辛いということ。それを聞いたOさんは，Yさんが自分に対して不満をもっているのだと感じ，自分が居ない間にどんな話をされているのかという疑念が生じます。Fさんはこのぎくしゃくしている状況をなんとかできないかと感じています。お互いに言いたいことを言い合った方がわかりあえそうな気がします。摩擦や葛藤が起こるかもしれませんが，このままの状態よりはましな気もします。

　グループがしっくりといっていないような時は，話の内容ばかりにとらわれず，気になる相手の様子や雰囲気，表情などに現われるものを手がかりに声かけをしてみると，話し出す糸口になるかもしれません。この場合は，O店長がHさんの言ったYさんとのことにとらわれず，Hさん自身がなぜO店長に話したのか，その様子に注目できたら違う展開になっていたのかもしれません。

3）グループが，今，取り組んでいることに関心がありますか

　店長としてはショップをまとめていくのも大事な役目です。O店長は思い切ってYさんと話し合う機会を設けました。互いに感じていることを話し合ったところ，問題点が見えてきました。Hさんの教育を誰がどこまでするのかがあいまいで，共有できていなかったこと。それがYさんにとっては迷いや不安につながったこと。O店長は営業の仕事で外回りが多く，ショップの状況をしっかり把握できないと感じていたところHさんの相談を聞いて，メンバーに信頼されていないのではないかと疑念が湧いたということ。そして今後は，チームワークをとれるように，ささいなことでも疑問に感じたら，確認し合い共有し合うことを目的に，毎週1回ショップの運営会議の時間を設けることにしました。

　収入を得るためだけの仕事なら，自分の仕事だけ責任をもってやっていればいいという考えもあるかもしれません。でも職場という組織では，グループ（チーム）で協働して成果をあげていかなくてはなりません。そのメンバー同士が不自然な関係で摩擦の多い職場では，居心地も悪いし，ストレスにもなります。生産性にも影響します。お

互いの状況を相互に理解しながら，信頼関係をもって，安心して仕事のできる環境を互いにつくっていきたいというのが，O店長，Yさんの共通した目標です。

4）誰かに頼っていたい気持ちが強いですか

O店長はこのショップのリーダーですが，仕事の実務面では，ベテランのYさんの力を買っており頼りにしたいと思っています。Hさんは実務が苦手なので細かい注意をされるのは嫌で，その点O店長は細かいことを言う人ではないので安心して話せると思っています。YさんはO店長を盛り立てて，ショップの売り上げに貢献したいと思っています。Fさんはまだまだ実務面で教えてほしいことがたくさんあるので，身近にいるYさんを頼りにしています。グループではだれか一人が秀でており，それがリーダーというわけではなく，役職や肩書があって，上下関係はあっても，それとは別にそれぞれの得意分野や個性を発揮できる部分があります。お互いが理解しあえてくるとそれぞれの特性を生かすことを期待し，信頼し，発揮しあえるような関係になってきます。バレーボールチームであればサーブ，レシーブ，トス，アタック，それぞれの得意な技やポジションがあり，リーダー役，ムードメーカー役，ケア役などのチーム運営の役割もそれぞれが相互に担っているのです。

❖ メンバーシップの確立のために

グループのメンバー同士，お互いに自己開示とフィードバック（☞序章5頁，ジョハリの窓）が進んで，親しい関係になると，どの辺まで言っても大丈夫か，どんなことを相手が好むのか，また嫌がるのかがわかってきます。互いのことがわかってくると，相手を思いやった行動も取りやすくなり，その意図を相手も誤解なく理解できるようになるので，気持ちのいい関係になります。コミュニケーションもスムーズで，相手の気持ちに応える関係をもつことができ，お互いの役に立ちたいと自然に思うようになるということにもなります。また，疑問に思うことがあれば，直接「それは，どういうことなの？」「どうして，そう言ったの？」など，すぐに確認することも恐れず不安なくできるので，物事もスムーズに運び，気持もすっきりといられる関係になっていきます。

グループは，この4つの懸念（気がかり）〈受容・コミュニケーションデータの問題・目標への関心・リーダーシップのあり様〉を，さまざまな，お互いのかかわりを通して，揺らし，崩して，また積み上げ，を繰り返しながら低減させていきます。徐々に，グループ，チームとしての相互信頼，相互受容の関係を結び，率直で自由な，葛藤を恐れない感情レベルのコミュニケーションができるようになります。そしてそれぞれ個人がもつ目標ややりがいを感じることなどを出し合い，自分やグループのさらなる目標を求め，相互に頼り，助け合い，流動的であるけれど，不安ではなく，時には大胆な発想やアイデアを出し合い，創造性を発揮して，自らのルールを自由につくりはじめます。与えられた関係ではなく，お互いが，自主的に動き直接的にかかわりをもち「今，ここ」に生きる関係をめざすようになります。

【Kさんのうわさ】

女性の多い組織集団では，その集団の中で人の関心や注目を集めるような出来事があると，その人物に対してさまざまなうわさや陰口が流れることがあります。きっかけはあるのでしょうが，事実とは違うことがもっともらしく語られ，それを聞いた人が別の人に話し，情報として人の口から口へと伝わり広められていくのです。職場のような場所では，いいうわさというのは稀なもので，嫉妬や中傷の含まれたものや，批判めいたものが人の印象に残ります。あからさまにではなく真実めいた裏づけや，出来事を交えて語られるので，間接的に聞いた人にはどこまでが本当のことなのかわかりません。多くはそれが事実かどうかの確証をとらず，次の人に伝えるために，情報内容が次第に歪められます。一時的なもので，すぐに消えてしまうようであれば，たいして問題もないのですが，場合によっては，そのうわさの当事者にとって，深刻な影響を及ぼす場合もあります。

知人の勤務する職場での出来事です。ショッピングモールに出店している女性雑貨販売の系列店でのことです。県内に20店舗以上あるため，エリアを4つに分けてエリアマネージャーが各店を

統括しています。本社の営業管理部からの指令はエリアマネージャーを通じて各店の店長，およびスタッフに伝えられます。また店で起きた問題は，店長を通じて，エリアマネージャーから本社の営業管理部長へと報告されます。

　主要駅に近い大型ショッピングモールにある中央店のKさんは，仕事熱心で販売のキャリアも長く，仕事に情熱を燃やしています。中央店の仕事に誇りを感じていました。アイデアがあると提案してそれが売り上げにつながることも多く，やり手と言われていました。ところがそこへ赴任したばかりの店長と折り合いが悪くなり，店長はマネージャーに「Kさんとは仕事ができない」と相談しました。「仕事熱心なのはいいが，店長の方針にも異議を唱えるうえ，アルバイトにも厳しいので，すぐに辞めてしまう」という店長の話を聞き，マネージャーはKさんと面談をしました。Kさんは，マネージャーが店長の言い分を鵜呑みにしているように感じ，あまりに一方的だと思い「公平に判断をしてほしい」とマネージャーに反発してしまいました。それから程なくして，Kさんは中央店から郊外の古いスーパーの一角にある店に異動になりました。「Kさんは有能だが協調性に問題がある」と報告されてしまったからです。このニュースはすぐに他店にも広まりました。それとともに，「Kさんは店長を追い落とそうと画策したらしい」「バイトが気に入らないとKさんがきつく言って辞めさせたんだって」「マネージャーにも楯突いたらしいわ」「いずれマネージャーになろうと思っているのかしら」おもしろおかしく噂が流れました。だれかの言ったことが本当かどうかは問題ではなく，おもしろおかしい情報として流れて広まります。

　Kさんは異動後，精神的に参って体調をくずしてしまいました。

　ギブ（1964）は，「人を受容することの障害になっているのが，人々が生活する文化に浸透している防衛的な風土から生まれる恐怖や不信頼という防衛的な感情なのです」と言っています。Kさんのようなこんな状況も，まだお互いをよく知りあえないような，職場の状況の中では起きうるものです。特に，同じ会社の同じフロアに多くの人が一緒に同時に働いている場合は，起きていることを，いろいろな人が同時に直接，見たり感じたりすることができるので，いろいろと評価も分かれることが多く，実際的な判断や評価を得やすいところもあるのですが，物理的に離れた場所で，少人数ずつが分かれて働くような組織で，管理者がそこには一人しかいない，しかも不定期にしか訪れないとなると，情報の流れも悪く，成員同士も広くは信頼関係を築きにくい部分があります。なるべく多くの人がかかわりあってそれぞれの感じ方を直接表明しあえるのがいいのですが，なかなかそうはいきません。しかも生活を支えるための仕事であれば，多少我慢をしてでも，仕事を続けることを選択せざるをえません。Kさんは店長の態度から担当のエリアマネージャー，営業管理部長，そして会社自体に恐怖や不信頼を感じてしまうことになりました。反対に，店長も自分の立場や状況を守りたいという欲求から，まだよく知りあわないうちに防衛的になり，Kさんを恐怖に感じてしまったのかもしれません。エリアマネージャーや，営業管理部長も同様かもしれません。仕事の場では，成果が求められます。売上，予算の達成，管理能力での査定をされること，それに個人的な仕事のしやすさ，これまでの安定を望む気持ち，そういうもののバランスをとりながら，スタッフ（人間）の管理も行われてしまう部分があります。

❖　うわさというもの

　こんな状況では，どうしたらいいのでしょう。まずうわさについてです。広辞苑にはうわさは「①ある人の身の上や物事について陰で話すこと。また，その話。②世間で根拠もなく言いふらす話。風説。世評」とあります。またよく似た言葉に流言，流言蜚語，デマ，虚説，流説，風説，浮説，風評，造言などがあります。廣井（2001）によると，「流言とうわさについて，両方とも自然発生的に生じ，またその内容に関心をもつ集団の中で広がっていく。流言の内容に関心をもつ人々を『流言集団（rumor group）』というが，この種の人々の間で発生しかつ拡散していく点では，流言もうわさも同じである。さらに，両者の果たす心理的な機能にも大きな相違はみられない」とあ

ります。流言もうわさも，これを伝達したり受け入れたりする人々にとっては類似した心理的機能を果たすことになり，たとえば，恐れや不安などの感情を説明し合理化する機能や，不平不満をことばによって発散させる機能，願望を空想的に実現させる機能，あるいは好奇心を満足させる機能などをもっていることも共通するといえます。その一方で両者を区別をする根拠として廣井（2001）があげているのが，「社会的逆機能」です。流言は社会にとって好ましくない結果を生む危険な現象であるということです。しかしふつう，うわさにはそのような社会的逆機能はなく，あったとしても流言ほど広範かつ深刻なものではないとしています。ほかにも，流言はその内容が社会一般的であり日常的な人間関係の枠組みを超えて不特定多数の間に広がっていく情報で，うわさはその内容が個人的であり，広がる範囲もたいていは知人や友人など日常の人間関係の枠内にとどまっているとしています。

　うわさは情報が少なく，成員の間に不安や恐れ，不平不満や好奇心がある場合起こりやすいと言えます。そして，それを発散したいという心理的な機能を担っているため，一時的には広まってしまいます。そして，広めた人が誰なのかという責任を問われることもないので，職場であれば，その範囲で広がってしまうこともいたしかたないことです。それを止めることはなかなかできませんが，5章にあった，報告・推論・断定（☞64, 65頁）という視点で情報を吟味することを心かげることで，少なくとも，人を傷つけるかもしれないうわさの加担者になることをやめることくらいは，できるのかもしれません。うわさや流言はもちろん聞き手が，「それ本当？」と聞く場合もあります。事実を確認するふつうの確認的な発話であれば，話し手は証拠を示してこれに答えるわけですが，うわさや流言の場合は，話し手は客観的証拠を示すというより，むしろ「みんなが言っているわ」と集団を引き合いに出したり，「○○さんから聞いたから間違いないわ」と権威者を頼る形で伝えることになります。話し手は，こうして自分の発話が真実であることを示す責任と義務を回避してしまうのです。なぜなら，先に述べたように，うわさや流言の話し手や聞き手にとってはうわさを

することが心理的機能を果たすことになっているため，話している内容が事実かどうかを確認しようとする動機は薄いからです。むしろ，自分自身の恐れや不安，嫉妬などの感情を合理化するために「どんなに仕事ができても，あんなやり方じゃね」と言ってみたり，好奇心を満足させるために「ほかにはどんなこと聞いた？」「こんな話もあるわ」という具合に，事実かどうかは二の次で話が進んでいくからなのです。少なくとも，うわさの聞き手になった時は，自分自身の感覚を大事に，自分がゴシップ的に人を見ているのかどうかを，意識したいものです。自分自身の気持ちや感情がどんなふうに動いているのか，自己内のプロセスを意識できるといいのかもしれません。このまま話に乗るのはよくないなと感じることがあれば，冷静な自分の判断で，事実かどうかを確かめたいものです。不確かであれば，直接Kさんとかかわってみることです。実際にその人をよく知ることもなく，入ってきた情報を鵜呑みにして，無責任に他へ情報を流さないことです。腑に落ちない点があっても流されるように，聞き手としてつい「うんうん，それならそうだろうね」と同意してしまうこともありますが，そうしてしまっている自分自身を感じ取れるようにしたいものです。そのうえで，自分の行動を決めることが責任のある振る舞いになるような気がします。

❖　人のうわさも七十五日

　うわさの当事者のKさんの立場ではどうでしょう。うわさが職場に広まって，社内中の人に白い眼で見られているような気持ちになっています。悔しい，寂しい気持ちに押しつぶされそうになってしまいます。思い詰めると自分は人に受け入れられないダメな人間なのではないかと自信をなくしてしまいそうです。好きな仕事を続けたい時に，気持ちが落ち込んでしまっては，十分に力が発揮できません。そんな時はまず，落ち着いてみましょう。周りのうわさは，うわさをする人の心理的な機能を果たすために行われているものですから，その機能が果たされれば，そのうち収まります。それほど長くは続かないものです。これが，「人のうわさも七十五日」の源でしょう。そして，人のうわさで，自分自身の価値が下がると

いうことはないと信じることです。自分が正々堂々としてきたことに胸を張れるのであれば，その自分を信じることです。自分を理解し，認めてくれる人が必ずいるはずです。人と違うことや目立った言動をすることは，みんな一緒が安心と思う集団の中では，とかく批判の対象にもなりがちですが，根拠のないうわさや憶測でのゴシップに対しては，凛としていたいものです。そうは言っても，そんな関係の中でやっていく辛さや孤独感はあるでしょうが，勇気を出して，自分の周りを見渡してみれば，ちゃんと自分を理解してくれる人がいるはずです。そういう時こそ，社内外を問わず周りに自分から働きかけてかかわりをもち，理解し合える信頼できる人を増やしていくようにすればいいのです。ギブは，「それぞれの人間が持っている恐怖や不信頼をどのように低減させていき，いかに相互信頼の風土を作りあげることができるかを学ぶことによって，個人の成長をはかることができる」と述べています。時間もかかるでしょうし，辛抱も必要かもしれませんが，それが大切なのでしょう。

　後日談ですが，Ｋさんは異動後，間もなく定年を迎えるベテランの先輩と仕事をするようになりました。体調の悪い日もありましたが，自分を信じて誠心誠意務めました。最初はうわさを聞いて意識していたベテランの先輩も，Ｋさんの仕事ぶりや向上心，お客様への誠意ある接客ぶりを見ているうちに，Ｋさんのことを理解するようになりました。Ｋさんは地域性を重視してお客様との関係を大事にする接客のノウハウや，お客様のニーズを引き出すコツなど，長年の経験から蓄積された貴重な知恵を伝授してもらい，その半年後にはベテランの先輩に「あなたにこの店を任せれば安心して定年退職できるわ」と言われるまでになりました。

　いろいろな組織や職場があると思います。Ｋさんと同じようなことはよくあります。組織の中でお互いの本当の信頼関係を築くには，時間もかかり苦労も多いものですが，お互いがもつ恐怖や不安や不信頼を，かかわりを避けることではなく，むしろかかわりをもつことで乗り越え，仲間との仕事の面白さ，楽しさを共に分け合い共に味わいたいものです。

③ リーダーシップを発揮するには

　よく，「あの人はリーダーシップがあるね」などと言うことがあります。リーダーシップとはどんなことをさすのでしょうか。場を動かすための発言をした人，仕切る人，リーダー役になって集団をまとめてくれる人などをさして言うことが多いように思います。ですが，その集団には，他にも，情報やアイデアを提供する人，冗談を言って場を和ませてくれる人，やさしく相槌をうって話をしっかり聴いてくれる人，机を並べたり，椅子を整えたりしてくれる人，時間の管理など会合の進行を管理してくれる人がいて，さまざまな動きで，その集団のメンバーに影響を与えています。その結果がまた，メンバーに新しい動きをもたらして相互作用が生まれます。このように集団の中で，主として対人関係に現われる影響関係をリーダーシップといいます。その目標を達成する過程すべての中で，効果的な影響があったときリーダーシップが発揮されたと考えられます。ですから，集団の代表として，リーダーの役割についた人だけが必ずしもリーダーシップを発揮しているとは，限らないのです。

　「Ａさんがリーダーシップをとったから，今回のプロジェクトはうまく行った」「Ａさんがリーダーでよかった」と言う時，Ａさんが仕事を進めるうえで，最も大きな影響を与えたことを表わしていますが，Ａさんの動きを支えたメンバーの影響を見落としがちになることがあります。実際にはメンバーのどの人もリーダーシップを発揮していたと考えられます。そうしたリーダーシップの視点から次の例を考えてみましょう。

❖ プロジェクト会議にて

　ある建設会社で，プロジェクトチームが編成されました。Ｓ市の住宅開発に関わる公募のコンペに応募するために，各部の精鋭と呼ばれる社員が集められました。そして初めての会議が開かれました。メンバーは営業部からＭ部長，業務部Ｂ課長，企画部からＯ氏，Ｆさん，営業部からＶ氏，Ｌさん，開発部からＮ氏，Ｔさん，設計部からＲ氏，Ｉ子さんの計10名です。Ｍ部長が口火を

切り，全国的にも注目されているこのコンペに参加する意義と会社の期待を語りました。そしてB課長によるメンバーの紹介に続き，各々の自己紹介がありました。I子さんは入社2年目ですがバリアフリーの住宅に関心がありこのチームに参加できたことをうれしく感じています。他のメンバーも，建築の専門家，法律や審査の専門，S市との開発事業に関わり知識と人脈のあるメンバーなど得意な分野をもつメンバーばかりでした。このメンバーで毎週会議をもちながら，役割を分担し住宅開発の企画案をまとめていくのです。I子さんは会議では最初緊張していましたが，B課長がさりげなく「I子さんがまだ発言していないようですが，今の議案について質問など何かありませんでしたか？」と促してくれたり，休憩時間に「ちょっとコーヒーを配るのを手伝ってくれるかな」と声をかけてくれ，それとなく気遣ってもらっているのが心地よく，緊張も少しずつほぐれていきました。会議の場での討論は，白熱することもあり，時には時間どおりにいかないこともあったのですが，「休憩を5分繰り上げ，10分後に再開しよう」と時間を管理してくれるメンバーがいて，気持ちよく進めることができました。また，長い時間を一緒に過ごすうちに，メンバー同士が打ち解けあい，部も役職も関係なく自由に話ができる雰囲気になっていきました。

❖ **プロジェクトチームで起こっていたことは**

I子さんが経験したプロジェクトチームでは，M部長が，各担当の進行状況を，毎回具体的に把握していました。また，問題点となるポイントをわかりやすく全員に提示し，その解決策を，メンバーそれぞれの立場から提案するように求めました。B課長は物静かですが，穏やかにそこにいて，意見を言う人の話を熱心に聞いたり，急な出張で会議を休むことになったVさんにねぎらい

● **ミニレクチャー** 集団の機能からみたリーダーシップ（PM理論）

グループの活動はメンバーのさまざまな行動によって成り立っています。たとえば大学のゼミの仲間同士数人で旅行に行く相談をするとします。口火を切ったり，情報やアイデアを提供する人，意見を述べる人，黙っている人，雰囲気を和らげる人，決定を促す人などが現われます。どのメンバーの動きも他のメンバーやグループに影響を与え，その結果がまた，メンバーに影響を与えるという相互作用が生まれます。

それらの行動のもつ影響を，集団の機能と呼びます。さまざまな集団の機能は，大きく①課題達成機能，②集団維持機能の2つにまとめられます。この集団の機能から，リーダーシップをとらえることができます。

課題達成機能とは，目標達成のための方法を提示したり，意見を述べたり，まとめたり，指示命令を出したり，記録をつけたり，また，達成の度合いを評価したりという課題解決や目標達成を指向する働きです。集団維持機能とは，メンバーの参加や発言を促したり，意見を調整したり，気持を支えたり，メンバーの緊張を和らげたりして，目標達成とは直接関係なく，集団内に友好的な雰囲気をつくり出す働きです。

課題達成機能を Performance の頭文字から P機能，集団維持機能を Maintenance から M機能と表わし，リーダーシップ行動の類型化をしたPM理論（三隅，1978）では，2つの機能の強弱から図6-2のような4類型を想定しています。

両機能ともに強いPM型，ともに弱いpm型，P機能が強いPm型，M機能が強いpM型と分類し，集団の生産性は，PM型で最も高く，pm型で，最も低いことが多くの研究からわかっています。

人の和を保ちながら仕事を進めること，次々と仕事をこなしながらもメンバーの気持ちへの気配りを行き届かせるPM型のリーダーシップが望ましいことになりますが，集団では，ある人が課題達成にリーダーシップを発揮し，別の人が集団の維持に力を発揮するというように，複数のメンバーがリーダーシップを分け合うことが見られます。

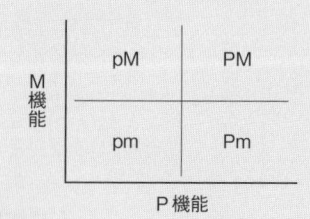

M機能	pM	PM
	pm	Pm
	P機能	

図6-2 PM理論によるリーダーシップパターン

のことばをかけたり，女性のFさんやLさんに「毎晩遅くなっては，ご家族に心配をかけているのではないか？」と声をかけ，きめ細やかな配慮で安心させてくれました。M部長，B課長の様子に，メンバーの一人ひとりも，前向きで，自由な，やりやすい雰囲気を感じ，冗談を言い合ったり，会議の合間に，お互いの仕事の悩みを話したり，意見を聞いたりできるようになり，プロジェクト会議が楽しみになりました。また，時間内にできなかった分は，担当の2人が各部に持ち帰り，次回までに仕上げてくるという自発的な動きになり，各部のメンバーにもオープンに意見を聞いて，さまざまなアイデアを持ち寄り，できるだけよいものを仕上げていこうという気持ちに自然になれました。M部長が，企画の全体をリードしていく課題達成機能（P機能）を中心にもち，B課長が，集団維持機能（M機能）を発揮していたように見えました。ミニレクチャーにあるように，P

M機能が，さまざまな広がりを生むように，充分に発揮されていたと感じます。

❖ 活動の中で互いを活かしあう

リーダーシップを機能的にとらえると，リーダーの役割を担った人が必ずしもリーダーシップを担う必要はなく，メンバーの特性や能力を活かし，その時，その場に応じた必要なリーダーシップ機能を他の多数のメンバーで分け合って担うことができます。このようなリーダーシップをシェアードリーダーシップ（shared leadership）と呼びます。

私たちは，多くの時間を何かの集団に属して過ごしています。職場のチーム，趣味のサークル，地域活動の集団，家族……そして，その成員のだれもが，その集団の動きに影響を与えています。ですからすべてのメンバーがリーダーシップを発揮でき，リーダーの役割を果たすことができるの

●ミニレクチャー　シェアードリーダーシップ

さまざまな状況の中で，グループや組織などの集団が健全に成長していくためには，このシェアードリーダーシップの風土を集団内に形成することが必要になります。そのためには，次の3つの能力が大切です。

①メンバー一人ひとりの特性の活用：何もかもを一人が背負うのではなく，メンバーそれぞれがもっている個性や得意なことを活かし合う形で，リーダーシップ機能を担っていくことです。
②機能としてのリーダーシップの理解と実践：リーダー一人がリーダーシップを担うわけではありません。課題達成のためのP機能，集団の維持管理のためのM機能というそれぞれ大切な機能を，メンバー一人ひとりが担い合う意識をもち，実践することです。
③目標に取り組む過程で変化する集団状況の把握：集団の状況はメンバー相互の言動によって影響を受け変化します。その変化に気づき，何が起こっているのかをできるだけとらえること，また，そこに働きかけることで，問題をメンバーに明らかにし，意見を引き出し，一緒に解決に向かうことになります。

そして，上の能力を養うには，「自分自身の特徴を知ること」「集団の中での自分や他者の働きに気づくこと」「集団の状況や今起こっているプロセスに気づくこと」「コミュニケーションへの意欲や能力を高め相互作用を深めること」などがあげられます。

グループ活動で，会議の場面を想定してみるとします。効果的な集団過程の留意点をあげてみると，まず，何のための会議なのか，何を決めるためのものかを，参加者が共有していることが大切です。そして，発言し，会を仕切るのが司会者や役員だけでなく，必要に応じて参加者が自由に動いたり発言する機会があること。発言の偏りがあったり，黙っている人がいたりした時，それに参加者が気づいているかどうか，それに対して関心を寄せているかどうか。反対意見でも自由に発言できる雰囲気かどうかがポイントです。また，反対意見を感情的な言い争いととらえるのではなく，会議の目的を達成するための建設的な意見の1つであり，それを吟味することで，グループの中での疑問を解消したり，明確にしたりする機会としてとらえることが大切です。互いがメンバーとして仲間としての意識をもち，決定をする時には，どういういきさつで決まっ

たのかが参加者全員に明らかにされており，お互いに納得いくかたちで決めたのだから，お互いがその決定に対して責任をもつことを了解している状態であることが望ましいのです。グループはグループ自身がどのような状況にあるか，問題点があるかどうかを見ることにも関心をもち，そのうえで新しい試みにチャレンジすることができるのです。

まとめてみると，シェアードリーダーシップのポイントは，1) 目的が明確で，共有されていること，2) 役割が必要に応じて，それに適切な人によって担われ，固定化されていないこと，3) コミュニケーションが開放的で，発言にも感情にも関心が寄せられていること，反対意見も自由に表明でき，その意見は明確化の過程の一部と理解されること，4) グループへの帰属意識をもち，互いに受容しようと努めていること，5) 意思決定の手続き，過程が明確化されているだけでなく共有され実行されており，その過程は柔軟であること，6) 失敗を恐れず，新しい方向を追求し続けること，7) 問題点を診断することに関心をもち，そのスキルを身につけていること，8) 新しい機能，役割を付加する柔軟性をもちつつ，バランスのとれた相互依存の関係が存在すること，と言えます。

です。ミニレクチャー「シェアードリーダーシップ」に記した8つのポイントすべてを意識していることはなかなかできませんが，そうした意識をもって組織活動にかかわることで，リーダーシップを発揮できる場面が増えてくれば，かならず組織は変わっていくと思います。

❖ グループの中で起こることを観るには

序章で，人間関係を観る2つの視点，コンテントとプロセスを紹介しました。プロセスには3つのレベルがあり，①自分の内側で起こるプロセス，②対人間のプロセス，③グループの中のダイナミクス（グループのメンバー相互のかかわりから派生する）で起こるプロセスに区分されます。また，グループの中で起こるプロセスをグループプロセスと言います。グループは複数の人の集合体ですが，その人たちのかかわりの中でつくりだしていることです。特に，課題（仕事）をもったグループでは，課題の達成はグループプロセスの質から大きな影響を受けます。たとえば，先のプロジェ

●ミニレクチャー グループプロセス観察のポイント：グループプロセスをとらえるための問いかけ

①個々のメンバーの様子
- 参加の度合いは？　それに移り変わりはあるか？　メンバーの様子や表情から読み取れる部分があります。その場に積極的にいるのか，それとも上の空か，緊張して居づらい様子かなどです。
- 誰のどのような感情表現がどんな影響を与えているか？　よく笑って楽しそうだったり，前のめりになって積極的に取り組んでいたりする人はいますか。また，誰かに反発していたり，否定的な感情を抑えて黙りこくっているような人はいないでしょうか。

②グループ内のコミュニケーション
- 発言回数の多い人，少ない人は誰か？　また発言の少ない人はどう扱われているか？　発言のない人を置いたまま会議が進行しているのか，誰かが，発言を促すような問いかけをしているかどうかです。
- 誰が誰に話しかけることが多いか？　あまり話しかけられない人はいるか？　誰かが発言をするとき，誰の方を向いて，誰を見ながら話すことが多いか，下を向いてばかりか，それとも，まったく顔を見ないようにしている相手がいるかどうかなどです。
- 話し合いは知的なレベルでなされているか？　気持のレベルのコミュニケーションが起こっているか？　コミュニケーションのレベルがグループにどのような影響を与えているでしょうか。

③意思決定の型
- どのような意思決定をしているか？　反応がない状態か？　暗黙の了解か？　一人の人が提案し，それで進めているか？　少数派による決定をしているか？　たとえば事前に議案がまとめられており，「異議ありませんか？」という問いかけに反応がない場合，「異議のないものと認め，議案は可決いたしました」という手続きで進行していくものなどをさします。
- あるいは，多数決による意思決定をしているか？　合意（コンセンサス）による決定か？　文字どおり，

クト会議では，話し合いの際に，発言する人がかたよってしまうと，グループのメンバー全員が納得いくような結果を出すことは，たいへん難しくなります。また，グループの中に開放的な雰囲気がつくられていないと，メンバー相互のコミュニケーションは表面的，閉鎖的になってしまい，メンバーの多数が満足できるような結果は得られないでしょう。

では，実際には，どのようなことに，目を向けていったらいいのでしょうか。グループを観る時の視点をミニレクチャー「グループプロセス観察のポイント」で紹介します。

❖ 気づいたプロセスに働きかけよう

ミニレクチャーにあるような問いかけを用いて，グループプロセスを観察することで，気になる点や，足りていない点を見出し，自分からそこに働きかけることで，グループプロセスに働きかけることができます。メンバーの中に，何らかの働きかけをしている人を見出すこともあるでしょう。何もかもを観察すること，それに働きかけることは不可能ですが，メンバーそれぞれが視点をもって，グループに参加し，観察も同時にするようになれば，より多くの目でグループの状況を見ていくことができ，互いに満足のいくグループ活動となり，それに伴った課題の達成にもつながるでしょう。こうした観察の仕方を，参加的観察と言います。

女性がかかわる組織活動は，これまで述べてきたように，職場，非営利の活動など多岐にわたりますが，こうした視点をもちながら参加をすることで，また，そうした仲間を増やすことで，お互いが満足のいく活動の場にしていくことも，成果を出していくことも可能になると思います。肩にそんなに力をいれなくとも，女性らしい気配りやさりげない人への支持や援助など，普段やっていることが組織活動の場でも大いに役に立つかもしれません。いいえ，すでに役立っていることでしょう。

④ 女性は毎日働きながら磨かれる

家庭をもち，子育てをしながら，組織の中で働いて，生計を立てている女性は多くいます。景気

話し合いを避けて最初から，簡単に多数決をしているのか，話し合いを充分にした後，最終的に多数決を選んだのか，または，合意を得るまでの話し合いがなされているか，意見が違っていても，ある部分で共感できるので，ここでは意見を変えてもいいということを明らかにしたうえで，全員が一致する歩み寄りがあったかどうかです。

④リーダーシップのありよう
- 影響力の強い人は誰か？　いつもその人であるか？　それとも影響関係に移り変わりはあるか？　誰のどのような言動が，グループにあるいは個人にどのような影響を与えているか？　メンバーの言動それぞれが，誰のどの発言にとらわれたり，意識を向けたものであるかなどから，それぞれの影響関係をみていくことができます。

またリーダーシップには課題達成機能と集団形成・維持機能があります。
［課題達成機能］
- 話を切りだすのは誰か？　口火を最初に切るのはなかなか勇気のいるものですが，それをあえてするのは課題達成への一歩となります。
- 課題達成のために情報やアイデアを提供するのは誰か？　積極的に課題達成のために，情報やアイデアを出すことは，グループに貢献しようとする働きです。
- 意見をまとめたり要約したりするのは誰か？　出された情報やアイデアを，他のメンバーにわかりやすく提供したり，要約しながら確認をしていくことも，課題達成に必要な役割です。

［集団形成・維持機能］
- メンバー間の意見を調整したり調和を保ったりするのは誰か？　反対の立場をとる意見が出された場合，知的な部分と感情の部分を整理し論点を明確にすることで，意見の調整を図ったり，全体の調和を保つ役割をします。
- メンバーの参加を促したり，発言の量を調整したりするのは誰か？　参加の度合いに偏りがある場合，

発言を促したり，必要以上に発言をしている人の量を調整し，メンバーが参加しやすくなるような働きをします。
- 緊張をほぐすのは誰か？　意見の対立や，困難な状況に陥っている時，また，極度に緊張を高めているメンバーのいる際に，声をかけたり，休憩を促したり，場をほぐすような発言をしたりすることです。

⑤ **グループの目標**
- グループの目標をメンバー全員が理解しているか？　話し合いが白熱すると，そもそもこの話し合いの目標は何であったかを忘れてしまったり，よくわからないまま参加しているメンバーに，わかるように確認するなどがあります。そのことにより，作業の方向を修正したり，効率的にしたりする働きがあります。
- 話し合いや仕事の途中で，今何をしているか，メンバーに共通の理解があるか？　その時々にグループが取り組んでいることを明確にしたり，共有することです。

⑥ **時間管理**
- 誰がどのように時間管理をしているか？　話し合いや，作業の制限時間を定期的に意識し，課題達成に向けての意識をメンバーに伝える役割です。
- 具体的に時間に関する提案や指示がされているか？　「あと，30分なので，この作業はあと20分で終わり，最後の仕上げに10分使いましょう」などと，具体的な指示を出すことで，作業の効率を図る働きになります。

⑦ **仕事の手順化（組織化）**

の状況，将来の年金不安なども視野に，自立して一生仕事をもち，働き続け，その中で自己実現をしていきたいと思っている女性も増えていると言います。また，女性ならではの視点をもち，人の役に立つ働きを見出し，家庭生活を続けながらも，その活動に長くかかわっている人もあります。

企業にあっては，生理休暇はもともとある制度ですが，形骸化している気もします。これからは不妊治療にも公的な制度が適用されることを期待したいところです。女性が出産・育児休暇を経て職場復帰を果たすことができるところも増えてきました。育児中はフレックスの勤務を認めてもらえる母親にやさしい企業も，少しずつですが増えていると聞きます。最近は，イクメンと言って，育児に積極的に参加してくれる男性も増えてきました。大型のショッピングモールで買い物をしている家族連れを見ると，ベビーカーを押しているのは若いお父さんであることがよくあります。なかには抱っこベルトで，赤ちゃんを抱いて歩いているお父さんもいます。家庭での女性の仕事の大きな部分を占める育児を，夫である男性がよろこんで引き受け，子育てを楽しみながら一緒にしてくれることは，女性にとってもうれしいことだと思います。そういう協力があって，女性も働き続けたり，家庭とは別の集団で活動をしていけるわけです。女性にとっては，仕事だけの男性に比べて，一見，大変そうだし，時間的な余裕はなさそうな感じもします。けれど，女性であるからこそ，しなやかに，柔軟に，状況に合わせて動くことができたり，細やかな感受性で，身近な人と親しくなれたり，信頼関係をつくれるという特性もあります。

人は，人とのかかわりを通して，仕事のこと，対人関係のことを直接的に学び，成長していっていると言えます。その毎日こそ，学びの宝庫です。組織で活動をするということは，視点を変えると，自分を磨く土壌としての組織で，日々さまざまな人と出会い，かかわり合い，その経験から，自分が気づきを得ながら経験したことを生かせるようになっていき，自分の可能性をどんどん広げていることに他ならないのです。

職場でかかわる人々，上司，先輩後輩，取引先の担当者，お客様など，また，家族や子供の友達のママ友，お隣の奥さん，保育園の先生など，かかわる人がたくさんある，働くお母さんは，その分，自己概念を広げるチャンス（経験や出会い）が多くあり，自分の成長を助けてくれる人と，多く巡り会えるというわけですから，こんなにありがたい，幸せなことはありません。働いていれば，時には子供が熱を出してしまうこともありま

- メンバーに役割が分担されているか？ そのことが目標達成にどのように影響しているか？ 役割を分担することで，作業の効率は図れるが，そのことが，メンバーの納得のいくものかどうかによって，参加意欲や目標の達成に影響することになる。

⑧グループの規範（ノーム）
- どのような事柄がタブー（してはいけないこと）になっているか？ それを強化しているのは誰か？ たとえば，会議の際，定刻より早く部長はいつも席に着く習慣で，部長が席に着く時間に，部下がひとりでも遅れ，席に着いていないと機嫌が悪くなるために，定刻よりかなり早めに皆が席に着くというものなどです。
- 表に表われている約束事，ルールは？ 暗黙のうちに認めている約束事，ルールは？ 前者は規則などでわかりやすいが，後者はなかなか気づけないものです。たとえば，先ほどの例で，定刻よりも10分前から席に着いて，開始を待っていても，そのことが当たり前になってしまっていて，誰もその不合理さに気づかないというようなことです。

⑨グループの雰囲気
- 友好的，同情的雰囲気をよしとする雰囲気があるか？ 葛藤や不愉快な感情を抑えようとする試みが見られるか？
- 雰囲気を表わすことばの例：開放的，同情的，あたたかい，クール，友好的，対立的，挑発的，曖昧，慣れ合い，緊張，防衛的，支持的，援助的，拒否的など

す。同僚に交代してもらって，急に休みをもらう必要もあるでしょう。また，保育園に間に合わない時，お姑さんに迎えをたのむことだってあります。自分の許容範囲を越える事態の時は，何もかも全部抱え込んでしまったりせず，時には，人を頼る，人に頼む，人に任せるということができるようになりたいものです。それがしやすく，安心してお願いできるような関係になるには，どうすればいいのでしょう。「環境の整備」とことばにすれば簡単そうですが，実は，自己概念を広げていくことが，相互援助関係を築くことになります。「自分はこんな面もあるけれどそれも自分だ」という自分のさまざまな面を受け入れそれを意識できるようになると，周りの人を今までよりも深くよく見ることができるようになってきます。そうすると周りの人とかかわりをもつきっかけや機会が増え，相手に思いやりのある行動をとれるようになったり，時には素直に助けを求めることもできるようになり，自分の周りとかかわりをもちながらいい関係をつくることにつながっていきます。また，そのことが自分の思いを正直に伝えるという率直な自己開示を生み，日常の困った出来事のときも，一人で抱え込んだりしないで済むようになるのです。こうした信頼のおける，応援者をたくさんつくっておくことは，子育てや介護と仕事の両立のためだけでなく，お互いのかかわりから，豊かな人生を分け合うことにもなるのです。

文　献

小学館［編］日本大百科全書　小学館
津村俊充・山口真人［編］南山短期大学人間関係科［監修］（2005）．人間関係トレーニング―私を育てる教育への人間学的アプローチ　第2版　ナカニシヤ出版
中島義明・安藤清志・子安増生・坂野雄二・繁桝算男・立花政夫・箱田裕司［編］（2001）．心理学事典　有斐閣
廣井 脩（2001）．流言とデマの社会学　文藝春秋
ブラッドフォード, L. P.［他編］／三隅二不二［監訳］（1971）．感受性訓練―Tグループの理論と方法　日本生産性本部
星野欣生（2003）．人間関係づくりトレーニング　金子書房
星野欣生（2007）．職場の人間関係づくりトレーニング　金子書房
松山安雄［編著］（1999）．現代社会心理学要説　北大路書房

7 家族の中で人が育つ

　私たちにとって家族とは一体なんでしょうか。
　家族にはさまざまな形がありますが，多くの場合その中で私たちは生活を共にしています。そして，家族は私たちが社会へ旅立つための基盤となっているものです。生きていくうえで必要となる自分がつくられ，自信をもたせてくれるのも家族なのかもしれません。
　私たちは家族だけで集まると「家族水入らず」と言ったりしますが，家族とは血のつながりだけで結ばれるものでも，一緒にいるだけで絆が深められるものでもありません。しかし親が子供に与える影響は大きく，親が子供のすべてを支配しているように思えるほど深いのも事実です。一見，平和な家族であったとしても，一歩その中に入ればいろいろなことを抱えているものです。私は自分が育てられ育ってきた家族が私に与えてきた影響を，恐れる気持ちを少なからずもっています。でも，その影響を怖がる必要もないと思っています。どんなことにもプラスの面とマイナスの面があり，家族についても同じだと思います。そういうことを繰り返すなかで親と子の関係は変わっていきます。人間も変わり，その関係のあり方も変化していくものなのです。関係のあり方を選択し決めていくのも私たち次第です。家族の中で学んだ人間関係を，どう活かしていくかが私たちのこれからを変えていくことになります。

① 育てられてきた私

　家族は人間関係を結ぶ最も身近で優れたトレーニングの場です。家族の中で私たちは，人の生死に向き合い，人の一生にかかわる重要なたくさんの出来事に出会います。人が生まれて一番初めに出会うのは，親です。親は何もできない小さな存在を大切に扱い，愛情を注いで育てていくのです。家族の中で，人は人を信じる力を手に入れ，信じても大丈夫だと思い，また自分も愛される存在だと思うようになるのです。
　家族の中では，何か失敗をしたり，怒られたり，喧嘩したりしたとしても，「ごめんなさい」の一言が言えれば，互いに許し合えます。また，同じような失敗を何度もしながら，夫婦，親子，兄弟姉妹として過ごしていく間に，それぞれがお互いに遠慮なく率直な応答をし合うことを身につけていきます。
　人は，多くの経験を積み重ねながら自分自身をつくり，変化していきます。「自分」をほとんどもたない幼い頃から，「自分」を意識することのできる大人へと成長していくのです。子供は，自分が親から愛されることを欲しており，愛されていると実感できる経験を必要とします。子供は親から愛されているという実感をもつなかで，失敗しながらも人との距離感を何度でも試し学んでいくことができます。家族は，私たちが成長していくのに必要な人とのかかわりを学び，身につけていく最初に出会う人たちなのです。

❖ 家族のルール

　私たちは子供の時から，生活するなかでその家族のルールを身につけたり，家族がつくり出す雰囲気を感じ取ったりしながら育っていきます。私が子供の頃，日本の社会は発展途上の真っ只中で，そこには，「家族はひとつで，みんないっしょがいいね」という思いがあったように思います。当時私は，家族は「いっしょに」いるものだと思っていました。家族が「みんないっしょに」食卓を囲んで食事をし，「みんないっしょに」休みの日を過ごし，夏休みには「みんないっしょに」恒例の海水浴などに出かけました。当時教員だった私の父親は他の家庭よりは帰宅が早く，毎日夕方5時には一家揃って夕食をとることができました。今でもみんなが，揃って丸い卓袱台を囲み食事をしている記憶が鮮明に残っています。また，父親

は私たち家族をよくサイクリングに連れて行きました。父親の男性用の自転車の前につけられた椅子に乗っている私の写真なども残っていて、順番は決まって父親が先頭で最後は母親でした。

また、私が子供の頃、家族の中にはルールがいくつもありました。たとえば、一番目に風呂に入るのも、見たいテレビ番組を決めるのも父親でした。普段から口数の少ない父親は子供にとっては怖い存在でした。当時、気にならずに過ごしてきたこともあれば、とても窮屈で釈然としない気持ちが起こることもありました。誰も口に出してはいないけれど、「父さんの機嫌がよくない時は、おとなしくしている」という決まりを暗黙のうちに了解し、静かにしていたのです。

どの家族にもそれぞれにその家族のルールがあります。朝の「おはよう」のあいさつ、顔の洗い方、食事の時のマナー、風呂の入り方、門限などそれぞれの家族の決まりごとがあります。家族のルールに従わない行動をした時、たとえば、門限に遅れたり、毎年恒例の家族の行事に参加しないなどという時、家族から「えっ？」とにらまれたり、注意されたりすることがあります。また、毎年年末に家族全員で大掃除をしたり、お正月を迎えるための準備をしたりするなかにもそれぞれの家族の決まりがあるものです。毎日一緒に過ごす家族では、その家族のもつルールが見えない力となり、家族の絆を強くしたりするものもあれば、それまでの家族の習慣を変えたくないという思いにとらわれてしまうこともあります。普段は自分の家族のルールなどを強く意識しているわけではないのですが、他の家族と比較すると自分の家族のルールがはっきり見えてきたりすることがあります。そして、家族の中では当たり前と思われている決まりや約束事が、家族を不自由にしたり縛っていたりすることに気づきます。こうした暗黙のうちに私たちを従わせる見えない力（規範）は、家族の中だけでなく、複数の人々から成り立っている集団には必ず存在しています。私たちが「空気を読む」という言い方をするときの「空気」もこれにあたると言えるでしょう。

❖ **コミュニケーションとれていますか**

私の家では、子供は父親とはあまり話すことはなく、多くは母親が間に入り母親のことばで私た

● **ミニレクチャー** **集団規範**

私たちは、毎日多くの時間を他者と一緒に過ごしています。一緒に過ごすのは、家族、学校、仕事場、地域活動の仲間などさまざまな集団が考えられます。たいていの人が、新しいグループに入った時、そこでのルールを知らないがために居心地の悪さを感じたことがあるでしょう。そのグループでちゃんと「こういうルールがあります」とことばにされているわけでもないのですが、グループ内で受け入れられる行動と受け入れられない行動を区別する「暗黙のルール」が存在します。この「暗黙のルール」に従わせようとする見えない力のことを規範と言います。

集団規範とは、グループメンバーの間で共有されている言動の枠からはみ出さないように、メンバーにかかる心理的な圧力のことです。複数の人々が共通の目標のために一定期間互いにかかわり続けていると、自然とそこには集団規範が生まれてきます。

1) 集団規範のプラス面
　①集団のアイデンティティをつくる　グループメンバーが互いに共通の行動をとることにより、他のグループとの区別をはっきりさせることができます。色、形が特殊で一目で区別がつけられる私立の中学・高校の制服などは、その学校に所属していることを生徒たちに意識させ、他の学校との違いをはっきりさせたりします。わが家では、子供が小さいころ兄弟姉妹で「おそろいだね」と喜んで服などを身に着けたりして、自分たち家族の一体感（同一性＝アイデンティティ）を意識したりしていたものです。
　②凝集性を高める　厳しい集団規範を維持しているグループは、それだけメンバーに多大な心理的負担をかけているわけです。メンバーは互いにその大きな負担を乗り越えているという強い仲間意識（凝集性）をもつようになります。学校の運動部などには、厳しい練習や先輩・後輩というかかわりを通して、在校生も卒業生もともにファミリーと呼び合うような高い凝集性を維持しているところがあります。

③社会的リアリティをつくり出す　集団規範によってグループの中で繰り返しとられる態度や行動が存在する場合，たとえそれは事実でなくても事実とされ，潜在能力を引き出す働きをします。スポーツで言えば，ラグビーの試合の前にチーム全員が集まり，「ナンバーワン!!ナンバーワン!!俺たちは強い!!強い!!」と連呼するのは，まさに自分たちが強いというリアリティをつくり出し，よい結果を引き出すためです。

2) 集団規範のマイナス面

①個人の自由を奪う　強すぎる集団規範は，メンバーが規範から逸脱することを厳しく制限するため，個人の自由や個性などが無視されがちになります。たとえば，家族の中で決まりごとを最優先にする親は，友達との関係を大切にしたい子供の気持ちを無視しがちなります。

②変化に対する抵抗を生む　一度集団規範ができあがると，それを変えようとすることが難しくなります。いつもどおりにしたり，以前と変わらずそのまま物事を進めたりするだけであれば，不安をあまり感じないで済み，変化するためのエネルギーも必要ありません。従来の集団規範のままでいれば無難に過ごしていけるので，変化することに抵抗も生まれます。

③グループが独善的になる　規範はそのグループの都合のよいように社会的リアリティをつくり出すこともできます。そして，その中では判断も独善的になります。自分たちのグループが行うことは，すべて正しいことだと考えてしまうと，集団の暴走を生むなど最悪の事態に陥るでしょう。家庭内では家族への虐待や暴行ということも起こってきます。

3) 集団規範の計画的変革

集団規範はグループでの生活に大きな影響を与えるものです。集団規範のプラス面とマイナス面をよく理解し，問題のある規範は変革し，好ましい規範は維持強化していくことが大切です。変革の第一歩は，問題のある規範の存在に気づいた人が，個人の気づきを表明することから始まります。しかし，その問題だけが解決されればよいというものではありません。グループや組織が「自分たちの規範を自分たちで点検する」という規範をつくり上げることが重要になります。

ちに伝えられていました。今から思えば，父親と母親との間で，母親と子供との間で，家族が互いに相手のことを，自分の思いや考えを通した自分の枠組で見ていたのだと思います。5章のコミュニケーションのプロセスの中で起こる障害と同じようなことが起きていました。また，父親と子供の間に母親が入るということは，発信者と受信者の間にもう一人入ることになり，二者コミュニケーションのずれによる障害はさらに大きくなっていたのです。私は，そのことに気づかず父親が話すのを直接聞いていないのに，父親の話したことを聞いたつもりになっていました。そして，自分が父親に対する「怖い」という気持ちを伝えたり，「今，どんな気持ちなのか」「怒っているのか」と，直接父親に聞いてみたりすることもしていなかったのです。

なぜ，父親の思いや考えを直接聞かなかったのでしょうか。私たち家族の意識の中に，父親はいつも口数少なく「おう」とか，「おい」しか言わず，よく叱られるという思い込みがあったのでしょう。だから，あえて父親に対して「怖い」と伝えたり，「今，どんな気持ちなのか」「怒っているのか」と直接聞いたりしなかったのだろうと思います。私たちは家族と話をする時，聞き手としてどのくらいその人に向き合いその人の声を聞いているでしょうか。私たち家族の中でのコミュニケーションは，「おう」とか，「おい」とかしか言わずにいても，お互いにわかったような気になったまま，成り立っていたように思います。

家族は，一般的に見てみると毎日一緒で，当然生活の環境が似通っているので「よく似ている」ところが多く，「それ，あれ，あれ」と会話した時にわかった気になったりします。「言わないでもわかる」「はじめから理解し合っている」と思っていたりするので，自分の頭の中で考えたことを突然話し出したりしても「大丈夫，通じている」と思い込みがちです。しかし，たとえ家族であっても言わないとわからないのです。互いが理解し

ていくためには，まず相手に自分の思いを率直に伝えることが必要なのです。私たちは，コミュニケーションは不完全であることをよく理解し，不都合が起きた時に気づく感受性と，不都合をそのままにせず修復しようとする心と手段を身につけることが大切です。

❖ あいまいさや葛藤の中から

毎日一緒に生活をする家族は，あいまいな関係の中で成り立っていることがたくさんあります。

●ミニレクチャー 人間的なコミュニケーションをめざして

1）話し手としての留意点

私たちのコミュニケーションには，5章にあるように単に情報の伝達手段という意味だけでなく，人と人との間の共同性を打ちたてようとする働きがあります。しかし，私たちのコミュニケーションは障害が多く，普段うまくコミュニケーションできていると感じているのは，私たちが「うまくできているな」と思い込んでいるだけなのです。ですから，コミュニケーションは不完全なものであることをよく理解し，不都合が起きた場合にどのくらい早く気づき，不都合をそのままにせず修復しようとするかその勇気と手段を身につけることが大切です。以下に，話し手としての留意点を述べていきます。

① **すぐに結論に飛んでしまう**　相手との会話がなかなか進まないと感じる時，話し手が伝えたい結論だけを聞き手に伝え，どうしてそのような考えに至ったかなどの説明を省いてしまっていることが多いようです。

② **不明瞭なメッセージは避ける**　話し手は，できる限り，話していることは自分の意見なのか，質問なのか，はっきりした意図をもってメッセージをつくるように考えてみる必要があります。親が子供に対し「こうしてほしい」という気持ちがあるのにもかかわらず，子供に「どうしたいか」を尋ねたりしていることがあるからです。

③ **うまく言いたい，良いことを言おうと構えてしまう**　話し手は，相手によってはうまく言おう，良いことを言おうとして心理的に構えをつくってしまう傾向があります。その場合，相手は初対面の人や，自分が苦手だと感じたりしている人だったりします。

④ **感情の表現が苦手であることに気づく**　自分の中に起こる感情を抑圧して，自分の気持ちに蓋をしてしまいがちだと気づいていますか。人と人が出会う関係をつくり出そうとするコミュニケーションにおいては，時として素直に自分の気持ちを相手に伝えることが重要です。

⑤ **相手にはわかってもらえると思って言わないこと**　相手に「言わなくてもわかってもらえる」と思っていませんか。私たちは生活の中で「沈黙は金」であるという考えがあったり，「以心伝心」という強い絆をもつことに憧れたりしています。夫婦間では相手に「言わなくてもわかってもらえる」と思い込みやすいようです。しかし，現実には，自分の考えていることは，ことばとして相手に伝えない限り，正確には伝わらないし，やりとりも本当のところではかみ合っていないのです。

⑥ **誰が言っているのか主語をはっきりと**　私たちは，自分の意見に自信がもてなかったり，結果を案じたりする時などに，誰がそのことを言っているのか不明瞭のままに話を進めてしまうことがあります。たとえば，あいまいにしたい気持ちがあると，主語を「私たち」と言いがちですが，「私は，……」と主語をはっきり言ってみましょう。「誰」が言っているのかを示すことは，自分の発言に対する責任をもつことになります。その意味で主語を明瞭にすることは大切です。

⑦ **自分の評価を加えない**　私たちは，事実関係を示す情報を伝える必要のある場面で「良い悪い」「好き嫌い」といった判断をすることがあります。これは話し手自身の見方であり，相手がもつ印象とは異なるかもしれないということを知っておく必要があります。事実を事実として伝えようとした場合，できる限り評価を込めないで，事実を事実として表現するように注意しなければなりません。子供に夜遅くまで起きていることを注意しようとして，「寝る時間を過ぎているよ」と言うだけでなく「早く寝ないのはよくない」と言うことがあります。

⑧ **話したことを説明したくなり，話が長くなっていくこと**　私たちは，何か話を始めた途端また次の考えが浮かんでくるものです。そのため話し出したことについてさらに話したくなり，長々と話す傾

向の人が時としています。特に，自分の失敗に対しての弁解をしようとすると，この傾向は強まります。ちょっと自分の話が長いなと気づいたら，自分は弁解したりしていないか気にかけてみてください。

2) 聞き手としての留意点

　私たちは，人の話を聞く，人に話を聞いてもらうを，ごく普通のこととして日常生活の中で行っています。しかし，いつもことばを通して人と理解し合ったり，喜びを感じとったりすることができるとは限りません。あなたは，子供が熱を出したり怪我をした時，医師の診察で，いくら病状の話を説明しても，あなたの気持ちが不安いっぱいのままだったことはありませんか。なぜあなたの気持ちは不安なままなのでしょう。話を聞く医師に母親の不安を受けとめる余裕や心の深さがあったら不安な気持ちが少し減るかもしれません。話を聞く時，話す人のことばを聞くだけではなく，どのようなことを心がければ互いにわかり合うことができたと感じられるのでしょう。以下に聞き手としての留意点をあげますので，参考にしてください。

① **ことばはキャンディの包み紙**　話し手がことばを適切に使い，語りたいことがすんなり聞き手に伝わることは大切です。キャンディの包み紙（＝ことば）を見るだけで，話し手が渡そうとしているキャンディ（＝語られていること）がわかるには，語られていることを探し出そうとする聞き手側のかかわりや，話し手と聞き手が互いにわかり合おうとすることが必要です。

② **最小限の励まし**　私たちは，聞き手として相手のことばを一生懸命に聞いているとき，「うん，うん」と軽く相槌を打ったり，「ああそう，ふーん，すごいね」などと短いことばを口にしたりしていませんか。この行動を「最小限の励まし」と言います。相手は，自分の話に対しての聞き手の反応に励まされて話を続けようとするものです。ことばだけでなく，私たちは体全体で相手のことを聞いているのです。

③ **閉ざされた質問と開かれた質問**　話し手の伝えたかったことがよくわからなかった時，聞き手は相手に質問をすることがあるかもしれません。たとえば，「今話してくれたのは，明日の集まりに来ないつもりだということ？」というように「はい」か「いいえ」などの短いことばで答えられるような聞き方をすると，質問をされた話し手は，聞き手が何を知りたがっているのかが，はっきりとわかります。

[閉ざされた質問]　もしもその時，話し手自身があまり話したくないと思っていれば，「はい，いいえ」などの簡単な応答だけで済みます。また，話し手がもっと話したいと思っていれば，質問をきっかけに会話を始められます。このような質問の仕方を「閉ざされた質問」と言います。しかし，「閉ざされた質問」ばかりで成り立っている会話は，聞き手自身の興味や関心を満たすためだけになりやすいものです。話し手にとっては，２つの答えのうちの１つを選択するように強制され，話し手の自由な発言は奪われてしまうことになります。

[開かれた質問]　一方，「もう少し詳しいことを聞かせてほしい」「なぜ，そう考えたのですか」などのように，話し手にもっと多くのことを話すように求めるような聞き方を「開かれた質問」と言います。「開かれた質問」は，話し手の自由な発言を可能にし，話し手のペースで自身の関心ごとの会話が進んでいきます。聞き手が話し手のことばを聴こうと寄り添うならば，話し手の本当に伝えたいと思っていることに近づくことができるでしょう。しかし，聞き手は，「開かれた質問」だけを行っていればよいとは言えません。なぜなら，話し手と聞き手の関係がまだ充分に深められていない時から，聞き手の「開かれた質問」に話し手が答えようとすると，もっと話さなければならないということを負担に感じてしまうかもしれません。

　このように質問は，その仕方によって，聞き手にとって必要な情報を得たり，話し手の話したいという気持ちを促して会話を生み，二者の関係をつくっていくことにつながります。

④ **自己開示**　私たちは相手の話を聞いて「そういえば私も……」「私の場合はね……」というように自分の経験や考えを話したくなることがあります。これを「自己開示」と言い，話し手は聞き手が自分に心を開いてくれていると感じたり，聞き手の話の中から自分にとってそれまでは思いつかなかった新たなアイデアが浮かんだりします。また，話し手は聞き手に自分がどのように受け取られているか気にかかるところなので，聞き手の正直で好意的なフィードバックによって自分が大切にされてい

ると感じることができ，二者の関係の改善や信頼関係を深めることに役立ちます。聞き手の場合，話し手から出たことばについ反応してしまい，聞き手自身の話をすることに夢中になってしまって，話が聞き手のものにすり替えられたり，話し手の思いをさえぎってしまうことがありますが，ここで大切なことは，聞き手自身の自己開示は，話し手自身が語っていること（伝えたいこと）をよく聞き，それに対して受け取ったことを率直に開示し，返すようにすることです（☞序章5頁，「ジョハリの窓」）。

⑤要約すること　聞き手が，話し手の話した内容をまとめ，聞き手自身のことばで言い返すことを要約と言います。このとき話し手は，正しく要約されていれば自分が伝えたかったことが聞き手に理解されたことを知ると同時に聞き手に対し信頼を深めるでしょう。もしも要約されていることに違いがあれば，話し手は聞き手に正しく理解してもらえるよう，さらに説明を加えることができます。要約することで，たとえ充分に正しくなくても話し手によって修正が加えられていくことがあれば，お互いにより理解を深めることができます。

⑥感情を反映すること　話し手が述べた話の中の，どの部分に焦点を当てて要約するかという聞き手の反応も大切なポイントです。特に，聞き手が，話し手の感情に注目し，表現されている感情を要約したり確認したりすることを「感情の反映」と言います。私たちが行っている対話の多くは，感情こそが話し手が相手に渡したいと思っているキャンディ（＝語られていること）なのです。感情の反映は，単なる聞き手の反応の仕方という技術ではなく，相手を尊重し，ありのままを受け入れようとする聞き手の態度として実現することが大切です。ここでは，相手を受けとめる覚悟も必要です。

⑦うわべだけ聞いている　私たちは時々聞いているふりをしながら他のことに気を取られていることがあります。特に何か他のことを考えている人は，一生懸命聞いているふりをします。このようなうわべだけの聞き方は話し手には，相手は自分が言っていることを充分理解してくれているという誤った印象を与えてしまいます。

⑧心の中で予習していると　相手が話している間に，自分が発言したいと思うことが出てくると，聞くのをやめて次にどう言おうかと心の中で練習を始め相手の話を聞かなくなります。

⑨話の腰を折る　私たちは，相手が本当に話したいことが何かわかるまで待たずに，ついつい話をさえぎったり，話の腰を折ったりすることがあります。まず，相手の話を最後まで聞いてみましょう。

⑩自分の想像の世界で聞いている　私たちは，想像の世界で相手の話を聞くことがあり，相手にこう話してほしいと期待していることを話し手が話していると思い込むことが多くあります。また，自分が聞きたくないことを聞いたように感じてしまうこともあります。自分のイメージを膨らませて聞いてしまうものだからです。

⑪防衛的な感情が生まれる　聞き手は，相手が話している意図や，なぜそう言ったのかの理由を勝手に想定したり，相手から何かの理由で攻撃されたりするのではないかと防衛的な感情が生まれることがあります。これは自分の相手に対する感情や思い込みがかかわっていることがあります。

⑫賛成できない点だけ聞いてしまう　私たちは，相手に何か言って攻撃してやろうとその機会をうかがっていることがあり，あえて相手に賛成できないことを尋ねることをします。相手との関係がうまくいっていなかったりした場合は，特に自分の中に意地悪な気持ちが湧いてくるのです。

私たちには，こうした多くの傾向があることを踏まえたうえで，お互いに話し，聞くようにしていきたいものです。

家族の中では，気を抜いた自分の姿を見せても，安心し信頼していられるものです。

また，いつも緊張ばかりして生きていくのはしんどいということもあります。判断を迫られ，今すぐに決断しなければならないものばかりでは息が詰まります。たとえば，私は，母親と電話で話した最後に，「また，お昼でもどう？」という食事の誘いに「そうね。近いうちにね」とあいまいに応えます。「食事でもしたいね」という親しみの気持ちを受けとめるのみで「はっきり日にちを決めなくてもいいよね」「また今度ね」ということを気兼ねなく言っても，関係が遠ざかることは

ないことを知っているからです。こうした甘えや許しがある関係の中で，人との関係や距離感をどうとるかを学んでいます。

あいまいなかかわりをするのは，人との関係をざらつかせないための知恵ではないでしょうか。その一方，私たちが成長するにつれ葛藤を経験するのも家族です。私は幼い頃から「はっきりものを言う子」と母親に言われていました。このことばを私は「自分で感じたことを素直に言うのを控えなさい」と受け取り，その後成長していく時には，自分の思いや考えを伝えることをできるだけ抑えていました。しかし，自分の中から出てくる思い，特に自分の気持ちを無視しておくことは難しく，その苛立ちから母親とはよく衝突をしました。そしてまた，この衝突を避けるため，自分の言動をどうするか決めるのを両親の視線を敏感にキャッチし判断してきました。しかし，そうしながらも自分に正直でありたい私の中では葛藤が起こりました。また，一方で衝突を避けたいとうまく逃げている自分にも腹が立つということを繰り返し，私は揺れていたと思います。私は，家族を煩わしく思い，自分のしたいことにいちいち干渉してくる面倒臭いものと思うようになっていたのです。

私たちは，家族の中で育てられ，いずれは多様な人間関係からなる社会の中で生きていくことになります。そこでは，自分の意思をきちんと伝え，相手とのかかわり方を身につけていることが必要になります。こうした人とのかかわり方は，兄弟姉妹とのけんかや競争，隣のおじさん，おばさんに世話をやかれることや，子供同士での遊びやけんかを通して，身につけていきます。

② 育てられるものから育てるものへ

私たちは自分のことすらすべてわかっているとは言えません。まして他者のことは，なおさらです。ですから，いくら縁があっての夫と妻となってももとは他人であり，互いをすべて理解することなどは到底できないのです。それまで育ってきたそれぞれの生活習慣，文化的嗜好，信仰なども互いに理解することに大きく影響します。だからこそ，毎日かかわり合うなかで少しでも自分を知り相手を知ろうとする姿勢をもつことが大切になります。

❖ 家族との関係づくり

私は29歳で結婚し，夫の家族と出会いました。私は，夫とはそれまで育ってきた環境がまったく違っていたのだと思いました。私は当初，夫から聞くことや目にすることが新鮮であり，自分の奥深くで何かが騒いだのを覚えています。特に，夫とその両親との親子関係は温かくくつろげるものでした。私がそう感じたのは，親子が率直にやりとりをし，しかも頼りにし合っていると感じたからです。そうして，私はこの人となら家族として頼りにし，頼りにされる関係をつくっていけると思いました。

新しい家族は夫と妻の2人から始まります。夫婦になると，1人だけではとてもできない経験を毎日していくでしょう。もとは他人であった2人が，結婚により男女を越えて人としてのかかわりをもち，親密な関係をつくっていくなかで，互いを尊重しつつ共に生活していくためのバランスをどのように保つのかの試行錯誤が始まります。また，自分のあり方，自分の人との相対関係のもち方を確かめ，2人の関係を確認することは，夫婦としてかかわり常に移り変わる状況に対応し生きていくときにも意味をもつことです。

夫婦が2人で生活している間は，毎日の家事を夫と妻が互いの考えや希望を聞いて調整していくことができます。それぞれの得手不得手，好き嫌いなども配慮する余裕があるからです。そこに子供が生まれると，家族の体系が変化していきます。夫婦に1人の子供が生まれると，3人家族になります。そして，また，子供が1人生まれると，それまでの夫婦，父子，母子という関係が，1人増えただけなのにもかかわらず，夫婦，父と上の子，父と下の子，母と上の子，母と下の子，上の子と下の子の関係など，多くの関係がその中で新たに始まることになります。子供が生まれてからは多くの夫婦が家事や育児で息つく間もないほどに時間に追われるようになっていくことでしょう。毎日繰り返される家事や育児をしていくなかで，自分はどんなふうに夫や子どもの話を聴いているのでしょうか。途切れることのない家事と育児をて

きぱきとこなすためには，割り切ってどんどんものごとを進めていくことが多くなります。夫と妻の役割分担ができてくると，自分は育児をしているつもりでいても，型にはまり仕事としてこなしてしまい，自分だけの判断で家族一人ひとりの問題を見逃してしまうこともあります。そんな時は，仕事をこなしていくことに気持ちが向き，家族とのかかわりをもつことから目をそむけてしまいがちになっているのかもしれません。

　ある時期，私は家族の「声」を聞き流して，気になったりしても何でもないことにしていました。慌しく毎日が過ぎていくだけだったのです。そのうちに，自分が毎日家事をこなしていることへの自負はあっても，その居心地は悪く，自分ではその結果がしっくりこなかったり，満足感を得られなかったりするようになりました。私が家族の中で自ら事にあたるという姿勢をしゃんと正し，夫や子供たちの毎日の「声」や「足音」，「物音」を聴こうとしてみました。すると，聴いていないことを自覚していながら，自分で忙しいことを理由に変わろうとしていなかったことに気づいたのです。それから，その忙しい自分がやっていることを点検してみることにしました。自分で自分を騙すことなく自分の気持ちに正直に向き合っているか，私は「今のわたし」に気づいているか，自分に余裕があるか，余力はどのくらいあるか，夫の声を子供の声を聴いているか，声の調子，今の気持ち，なにより顔をじっくり見ているかなどに注目してみました。相手が乳幼児の時は「声」を聞き逃すまいとしていましたが，子供が成長すると安心しその途端「声」を聴けなくなっていました。そうした自分のことに気づきはじめると，確かに，学校から帰ってきた子供が玄関の扉をガラガラと開ける音から始まる「声」や「足音」で，まずその日一日の彼や彼女たちの様子がわかりました。扉の開け方，「ただいま」の声の出し方，玄関から2階の部屋に行く時に居間をのぞくかどうかで，その様子がいつもと同じか違うかを察知していきました。自分が余裕をもっていれば，家族の感情や気持ちの動きに関心をもち，「足音」「物音」など家族がたてる「音」からでも家族の様子を察知することができます。私たちは一人ひとりが違う音を出しながら暮らしています。互いがその音に気づき関心を向けることで，互いの音に気づき，様子を見守ったり，声をかけたりし合うことが，家族の中で人と人との関係をより緊密にしていくことになるのだと思います。

　子供を育てる私たちにできることは，子供が成長していくそれぞれの過程で子供の話をしっかり聴き，共感し，手助けをしていくことです。私は，子供が高校生になるまでは携帯電話を持つことを許可していません。確かに携帯電話は便利なツールと言えますが，顔など互いの様子などを見ずにやり取りができてしまう危うさが携帯電話にはあります。人との関係を結ぶことをまだ充分に学んでいない子供たちには，直接人と人が触れ合う機会をもってほしいのです。しかし，子供にしたら，周りの同世代の友達はほとんど持っている状況なので，「なぜ持たせてくれないの」「自分にはどれほど携帯電話が必要か」を訴えてきます。子供の訴えを聞き，私が許可しない理由を伝えることは，私が私自身を相手に伝えていくことと同じです。人と人が互いに対等で率直な関係であるためには，気力も，体力も，時間も使います。どのくらい相手との関係でそのエネルギーを使おうと腹を決めるかは，自分が相手とどのような関係を築きたいのかを問うことになります。私たちは日常的な家族とのかかわりの中で，人としてかかわり合うことを日々磨いているのです。

✣　かかわる勇気

　私たちは，子供を育てる時，親の思いどおりにはならないことばかりだと思い知らされます。家族だからといって，そのかかわりが，すべて友好的なものとは言えないでしょう。時には，自分の気持ちは抑えて相手に合わせるのか，それとも覚悟してぶつかるのか決断しなくてはならないことがあります。親が子供に「してはいけない」と言っていることであっても，成長していく子供には納得できないことも起こってきます。

　先ほども述べたように，私は子供に携帯電話は高校生になってからと伝えていましたが，長女が中学3年生の時，「すぐに携帯がほしい」と言ってきました。「携帯を持つために，毎月の使用料を自分のおこづかいで払い，携帯を使うルールも決めて守るからお願い」とも訴えてきました。お

こずかいで足りない分は，それまでの貯金からでも出すということでした。おこづかいと貯金だけでは，使用料を毎月払っていけなくなるだろうということは目に見えていました。それでも携帯がほしいという子供の言い分と気持ちを聞いてみました。このことは私にとって，一歩踏み入って子供とかかわろうとする勇気が必要でした。その勇気を出すことは，新たな関係をつくっていくことの始まりになりました。長女は毎月のおこづかいすべてを携帯電話の使用料に充て，足りない分を自分の貯金から支払うことを約束しました。また，携帯電話を使う時間や，使わない場所を決めました。私たちは，お互いの気持ちや価値観を相手に伝え合うことによって理解し合い，それぞれの気持ちや価値観を共有化していくことができました。どんな家族もいつでも同じ関係ではありません。時の移り変わり，環境の変化に伴い家族の体系や互いの関係が変わっていきます。私たちは，家族とのかかわりから，自分自身に目を向け，そこにある自分の思い込み，周りの人とのかかわり方に気づくことができます。そして，何を言っても許しあえる信頼をもつ家族の中だからこそ「失敗してもいいからやってみよう」と次に生かす力と勇気をどんどん育んでいくことができます。

❖ ぶつかり合うかかわり

家族の中であなたにとって，父親，母親，兄弟，姉妹はどんな存在ですか。普段から，実際に体と体が触れあうほど近距離にいることで，ときには互いの存在を疎ましく感じることもあるかもしれません。喧嘩したり，寂しいときには慰めてもらえたり，経験を共感できる喜びを得たりするということもあるでしょう。一方，自分の思うようにものごとが進まず，いらいらさせられることもあるでしょう。家族との濃密なかかわりの経験が，私たちに人との距離感を身につけさせてくれるのだと思います。今の時代，子供は一人ひとりに個室があり，各自の携帯電話を持ち，家族の中で個別化しています。そんな時代だからこそ，家族が親密に過ごすことが大切だと思います。

わが家での話ですが，「6人家族にテレビが1台」これは，私が家族の中であえてしていることです。1台のテレビをめぐりいろいろな思いや事件が，毎日家族の中で起こっています。見たい番組を「見たい」と言わなくては見られなくなることもあります。同じ場所，同じ時間に一緒にテレビを観ることで一緒になって楽しんだり，笑ったり，泣いたりすることも多くなります。しかし，見たい番組の時間に静かにしてもらえるようにも言わなくてはなりません。私の想像以上に良くも悪くもいろいろなことが起こっています。どんなことが起きているにしろ，お互いが理解していくためには，まず相手に自分の思いを率直に伝えることが必要になり，かかわりが始まります。家族だからと言って一緒に生活していれば人と人とのかかわりが深められるものではないのです。自分の意思をきちんと表明したり，相手の考えや思いなどを聞いたりして，もう一度自分の考えや思いをどのように伝えていくか，他者とのかかわり方を身につけていくことが必要なのです。こうして，子供たちは人とかかわる力を，兄弟姉妹と喧嘩したり，仲直りしたり，協力もするけど，思いきり競争もして育てていきます。

また，母親は，一人で子供を育てているわけではありません。女性が親として子育てにかかわれることには限界があります。子供を育てることに積極的に参加する父親もいることで，子供が育つ環境ができていくのだと思います。父親が積極的に子育てにかかわることは，直接子供とのかかわりを築いていくことになります。家族の一員として母親と協力して子供を育てていこうとする父親が，子供に与える影響は大きいと言えるでしょう。子供は，父親をどのように見ているのでしょうか。夕食を一緒に食べたり，一緒に風呂に入ったり，日常的なかかわりの中から，子供は父親を知り，その魅力を見つけ，信頼を強めていくのではないでしょうか。父親も子供とのやりとりの中でその個性や，関心事は何か，どのような希望をもっているのかを知っていきます。

私は，夫に父親として子供とそれぞれに心地よいかかわりをみつけてほしいと思っています。夫は，体をぶつけ合うようなかかわり方が得意です。そして，子供と根気よくつきあいます。子供たちは皆，中学2年生の夏休みに，それぞれが希望する国や地域へ夫と2人で旅行をしました。その旅行の間は，いつもなら逃げてしまえることも，2

人だけでの旅先では互いを頼りとするしかありません。楽しいことばかりではなかったと思います。悲しいことや悔しいこと，寂しいことや辛いこと，2人で言い合いや喧嘩もしたでしょう。このどうしても2人がかかわらなければいられない状況の中で，子供たちと夫はそれぞれの関係を確かなものとしてきました。子供たちは，今までの経験から自分が助けを必要とする時には，父親は最善を尽くして対処してくれると信じています。このかかわりが子供たちそれぞれに「父さんはいつも私のことを一番かわいいと思っている」と感じさせています。子供がどう育つかは，親の愛情をどのように感じ取っていくかなのだと私は考えています。

変わっていく家族の形

私たち家族は子供が成長していくにつれて，人数が増えたり，減ったりして家族の形態が変わっていきます。このことは，数の変化だけでなく，家族の中での互いの役割や力関係にも影響していきます。上の子どもが就職したり，大学に進学して家を離れたりすることになれば，家族が単に1人減ってしまうだけでなく家族全体の雰囲気が変わることがあります。それによって下の子どもと親とのかかわり方にも変化が起きるでしょう。

わが家では，今まで下の子どもの自律を妨げてしまったりしていたことが，上の子どもがいなくなることで明確になりました。そこで，私は下の子どもとのかかわり方を変えてみました。たとえば，下の子は何かする時取り掛かるまでに時間がかかります。それを見ている私はとても気がもめるので，つい口を出していましたが，子供が自分で始めるまで待ちつづけようと努力しています。

また，人数の変化がなくても，家族もそれぞれに年齢を重ねていき，それにつれて，役割も変わり，お互いの関係を調整していくことも起こってきます。

家族マネジメント

私たち主婦は，親になると，子供を育てながら毎日たくさんのことをこなしています。私は，結婚して25年の間に6人家族となり，その生活を切り盛りしてきました。私と家族との毎日の暮らしの中にはたくさんのことが起こりました。家族の生活を賄うために，夫の収入で家計をやりくりしたり，毎日の家事の手順を考えたりしなければなりません。私は，効率よく，気分よく動けるように考えていきました。

まず，朝，家族の朝食の献立と準備と後片付け，子供たちの弁当づくり，子供の送り出し，洗濯干し，部屋・風呂・トイレの掃除です。昼頃には，庭や花壇の手入れ，食料や日用品などを買出し，夕方には，子供の帰りを迎え，夕食の準備をしながら子供のおやつや宿題につきあいます。夜，家族が食事を済ませ，風呂に入り眠りにつくと，私の一日の仕事が終わります。また，当たり前のことのようですが，子供が風邪をひけば，病院へ診てもらいに連れて行き，家での看病もします。4人のうち2人一緒に風邪をひいた時などは，家族を2つに分け家の中でできるだけ別の部屋で過ごすように配慮しなければなりません。私の家族には，食物アレルギーでショックを起こす子がいます。これまでその食事と生活にも気を配ってきました。夫と4人の子供たちの毎日の生活の世話をし，子供の4人分のスケジュールを記憶し，幼稚園や学校の懇談会，授業参観，PTA活動や子供会の運営などにも参加すると，休む間はありませんでした。

1人目の子を育てながら経験したことをある程度は次の子に活かすことはできますが，子供は一人ひとり違うので実際には，その子と新たな経験をしていくことになります。そして，私との関係はそれぞれに違ったものとなっていきました。一人ひとりの子供の話を聞いて，困っていることや気になることを抱えていないかと気にかけたり，子供それぞれの好み，性格，ことばや表現の仕方をとらえたりすることや，家族の中で話しやすい雰囲気をつくるため，互いに自分や相手に正直であることを心がけました。

幼稚園の音楽発表会で，長女が大太鼓を演奏することになりました。先生や打楽器を演奏する友達と一緒に練習していたある日，子供が「お母さんから先生に頼んでほしいことがある」と言い出しました。それは，「毎日，太鼓の練習で失敗すると先生が怒る。自分は頑張っている。頑張っているのに，怒られると頑張りたくなくなる。私は，

頑張ってうまくなりたい。だから，怒らないで教えてほしい」というものでした。私は，「なるほど，そのとおりだ」と思いました。私は，幼稚園の先生に子どものことばをできるだけ正確に練習を頑張りたいという気持ちを伝えました。先生は，それまでのように怒ったりせず，演奏が上手になりたいという気持ちをもてるように発表会まで一緒に練習してくれました。発表会は長女も友達も満足げな笑顔で終えることができました。

また，子供たちが夫に対する尊敬をもてるよう，私自身が夫に対して感謝と愛情を忘れず示すようにしてきました。子供たちには私が「家族や友達を大切にしようね」と言いながら，夫を私自身が大切にしていないのなら，子供には大切にすることは伝わりません。子供は親の言うことよりも，そのやっていることを観ているからです。親がしてやることよりも，親がどう行動しているか，日頃どのように立居振る舞っているかを実によく観ています。

私は実際に会社経営をしたことはありませんが，家族に対し会社経営に匹敵する配慮をし，マネジメントしてきたのではないかと思っています。その時に何が起こっていて，何が必要で，何を優先し，何を大切に私は動くのかを瞬時に判断していくことが求められていて，それは経営者がしていることと同じではないでしょうか。そうすることは，家族の中で，多くの役割に自らすすんでかかわることになります。家族やその周囲の人たちに，どれだけ認められるかが私の仕事への報酬だと考えています。金銭的報酬や社会的な評価ではありませんが，家庭で役に立っていると実感できる経験は，他では決して得ることのできない喜びと充実感があります。

✤ 育 つ 力

私たちは，親として子供につい自分の考えを一方的に押しつけたりすることもあります。私たちは，子供に学び，気づいてほしいあまりに子供の気持ちとは関係なく，ある方向へと導いていこうとするものです。親の方が子供よりも経験が豊富であるだけに陥りやすいことだとも言えます。また，兄弟姉妹と比較をしてしまっていることも多いかもしれません。

つい最近の私と現在中学3年の次男とのやりとりでのことです。兄や姉たちの時のように高校進学を真剣に考えているとは感じられない次男に対して，私が，私の思うように勉強しない彼を注意したことから口論が始まりました。息子からすれば，私が怒って喧嘩を売っていることになります。次男のダメなところを「どうすんの。どうすんの」と突きつけ，「なぜしないの」と言い，お互いに腹を立て合い，次男はわざと私の癇に障る，イラっとさせることばを使い応酬してきました。口喧嘩をすればするほど互いが嫌な人になっていきます。私と次男は鏡の関係なのです。私のすることはそのまま次男に影を落とし，私に返ってきたのです。

自ら学び成長しようとする子供には，無限の可能性があります。私たちは，親としての限界を知り，子供を放っておくのもよいかなと見守ることも大切です。子供は，成長するに従い自分の力でできることが増えていきます。そうするとその新しい力を使うことや，その力でできたことに興味をもつようになります。子供は，母親から投げてもらったボールを受け取り，投げ返し，何度でも相手が喜んだり，困ったりするのを見てまた投げ返します。子供は，親とのやりとりの中から自ら育っていきます。近年，「自己肯定感」をもてない人が多くなっていると言われています。自分を唯一無二の存在として認めることができることが自己肯定感をもっていることであり，自分を他と比較しないということでもあります。私たちは他の人と共通した多くの面をもちながらも違いに気づき，その違いを認め，求め合っていくのです。そして，さらに子供自身が兄弟姉妹の関係の中でも違いや対立から自分自身と他者を深く理解していくのでしょう。

私たちは，親となり，子供を育てていくなかで，自分自身が人として育てられ，家族と共に育っていくことを実感する人も多いでしょう。

子供を育てること，子供が育つことは多くの楽しいこと，うれしいことを私たち親にもたらします。しかし，毎日笑顔ではいられないことを思い知らされたりすることもあります。子供を育てていくことは，自分の思いどおりにならないことがほとんどなのです。

私たち親が育つということは，子供がそのもてる力でその子供なりにやっていくと信頼していくことです。親自身も一人の人として成長していくことが，子供と向き合い見守るうえで大切なことです。そして，一人の子供と真剣に向き合う時，自分にはない，はっきりと違うものをもっていることに，私たちは気づくことができます。大きな実りを見とどけるためにも成長する子供と一緒にいたいと思います。私たちは，子供を育てていくなかで，日々新しい発見があり，成長しているという実感をもつことができていると思いませんか？　自分の考え方が柔軟になり，いろいろな方向からものごとを見るように変化し，人間的な成長へとつながっているとは思いませんか？　親になるとは，私たちが子供を育てることによってさらに人として成長していくことに他なりません。

③ 勝手口から社会が見える

　毎日を主に家庭で過ごしている女性にとっては，社会とのつながりは夫，あるいは子供であることが多いものです。しかし，私たちは，自分の名前をもった個人として扱われたいと思い，自分の考えや力で生きることや行動することを望んでいます。そして，家庭にあっても自分自身や自分の周りに対して関心を失わない限り，社会との直接的なつながりをもつことができます。毎日の暮らしの中にこそたくさんの人と人とのかかわりが起きているからです。

　私は出産を機に仕事を辞めることを決心して以来「勝手口からでも世の中は見えるぞ」と，密かに思い続けています。「勝手口から世の中を見続ける」ことが，家庭にいる私にとっては「主体的に生きていく」ことです。それは他の人が言うことすべてを鵜呑みにはせず，自分の考えをめぐらしていくということです。そして，自分自身が世の中とつながっていると実感するには，自分の感性を磨き，社会に関心をもち続けることが大切だと思います。関心をもつためには，自分のアンテナを持ち，自分のアンテナを自分でしっかり磨いて，いくつもいろいろな方向に向けておく必要があります。「自分は何に関心をもち，何に感動し，何に憤りを感じるのか」「自分は今何がしたいのか」「自分は今何ができるのか」と私は自問し続けています。そうすることが私のアンテナを磨くことなのです。

　勝手口から見える世の中には，これまでの自分の価値観，考え方，行動の仕方にはなかったものもあります。中には，これまでどおりの仕方では対処しきれなくなり，それに対応していかざるをえなくなることもあります。私は，子供が小学校に入学して「コップ給食」ということばを知りました。これは，小学校のあるクラスの先生が，子供が時間内に給食を食べられなかったり，嫌いな献立を残したりすると，食器を返すためと言う理由で，子供の給食用のコップにその日残した給食をすべて入れさせ残さず食べさせるというものでした。私は唖然としました。怒りが沸いてきました。情けない気持ちにも，悲しい気持ちにもなりました。子供たちには従うしかない先生という立場の大人が，ただでさえ食べられずにいる子供たちの気持ちを一切受け止めず，給食を食べ切るということだけを目標にしていました。この先生のような考え方を「なぜするのか」「なぜできるのか」また，「今まで，なぜ誰も何も言わずにいたのだろうか」と思いました。この「コップ給食」を聞いていても，知らんぷりをしているのでしょうか。このようなことが問題視されずに行われていたのはなぜなのでしょうか。確かに，「コップ給食」をさせられた子供の親は，知らんぷりはせずに学級懇談会でクラスの先生と「コップ給食」について話し合い，子供の気持ちを伝えようと行動しました。この「コップ給食」の状況を知った私たちに何かできることはないのでしょうか。しかし，同じクラスでも直接「コップ給食」をさせられなかった子供たちの親にとっては，「関係ない」ことのようでした。このような状況下で，直接関係はなくとも，私に何かできることはないかと考えることが，社会参画の第一歩だと考えています。

　このように私たちは，普段，こんなものだろうと思い込んだり，何気なくしたりしていることで，自らのアンテナを錆びさせたり，その機能を衰えさせたりします。人は，大勢の人たちと社会をつくり，その社会の中で生きています。「社会」や「みんな」の一員であろうとすることで，「みんな」の中の私となり，人はその「社会」や「みんな」

というものの中に取り込まれていきます。そして、単に多数が善、少数は悪という力の理論に押されていくことがあります。実際私たちは自分のことだけを考えすぎて、「社会」の一員であることを忘れたり、また逆に、「社会」の一員、「みんな」の中の私に埋没してしまい私自身を見失ったりもしてしまうのです。

❖　わが家の勝手口から

わが家の次男が食物アレルギーであることは前にも述べましたが、診断された当時は、世間ではまだ食物アレルギーに対する理解や知識が少なく、成長していくなかで食物アレルギーの子供が、社会へ第一歩を踏み出すことの大変さがありました。このとき私自身を含め、私の家族は周りの人に食物アレルギーをもつ子供を理解してもらうために、自ら進んで相手にかかわっていくことが必要になりました。これは私にとっても次男にとってもその他の家族にとっても、初めての、そして乗り越えられないほどの困難と感じてしまう状況でした。世の中では食物アレルギーのことを知らない人が多かったので、そのことによる家族の不自由さ、寂しさ、孤独感、そこから生じる怒り、そんな思いや気持ちを私が活動していくことで、世の中に届けたいと思いました。また、食物アレルギーである次男が不幸ではないと自然に感じる世の中に、また、次男の不便な生活環境を変えていきたいと望みました。しかし、幼稚園入園の際には、次男が食べられるものを他の園児と同じ給食のお弁当箱に詰めて持たせることを入園の条件とされました。そして、幼稚園からは、他の園児が次男の持っていくお弁当を羨ましがらないように配慮するように言われたり、「特別扱いはしません」と言われたりしました。また、「少数派は我慢しておいたら……」と言う人がいて、少数意見はないものと消されてしまいそうになることもありました。世の中にはたくさんの差別が起こります。起きていることに対して自分ではこれは、どうにもならないことだと思ってしまうことも多いと感じます。私たちのもっている価値観や常識、当たり前と言われるものが差別に大きく関係しているからです。時には、私たちの価値観や常識、当たり前を見直してみることには意味があると思います。

私は、子供の食物アレルギーを受け入れ、そこから進んでいくために、今自分はなにができるのだろうと自問し、食物アレルギーをもつ子供たちのためのNPO活動にもかかわりNPO法人の立ち上げに力を尽くしました。よく「出る杭は打たれる」と言われますが、この「打たれてしまう杭」は出方が足りないと考えることができます。意思をもち、「思いっきり大きく出てしまった杭」は、そのまま個性として世の中に認められていくことも多いのではないでしょうか。私が子供のアレルギーを受け入れ、活動を始めてから、子供は、家族の中で学んできた人とのかかわりをもとに「アレルギーであることは、不便だけれど不幸ではない」とはっきり言える自信を育てていきました。このNPO法人立ち上げまでの5年間に経験したことから、私はアレルギーの子供たちの生活の質を守り、安全に生きていく基盤は家族にあると確信しています。また、私自身が自分のアンテナを自分で磨くことをそれまで以上に心がけていたいと思っています。

❖　社会を変える人となる

私たちが、南山短期大学の学生だった時、恩師から「社会の変革者になりなさい」とメッセージをもらいましたが、当時は具体的に何をしなさいと言われたわけでもなく、私にはよく理解できませんでした。しかし、卒業してから30年以上経ち、私なりの理解はできてきたと思います。私を変えられるのは、私自身しかいませんし、私が変えたいと思って変えられるのも、私自身です。「他の誰から言われるのでもなく、ありたい私であることをめざしながら、社会の一員として生きていきなさい」と恩師は伝えたかったのだろうと、今、私は思っています。私たちは、その場所が家庭であれ、職場であれ、その時その場で、力を出し、毎日を精一杯生きています。そして、その中でかかわり合い、自分以外の人のためにも力を尽くし、互いのかかわりに小さいけれど、変化をもたらしています。この小さな変化が、次の小さな変化を起こし、変化は深く、また、広く影響を与えていくのです。これまで、私は家族や地域の中で、自分らしくありたいと願い生活してきました。私は、実際にこうしたかかわりの中で、出会った

人たちとつながり，私の周りに変化が起こり，成長し，今の私があります。

　私たちは，大人になってからも日々のいろいろな体験を通し変化しています。そうした日々の変化が私たちに新たな行動を起こさせ，自分にとって充実感や幸福感をもたらすと言えるのではないでしょうか。私たちは常にさまざまな経験をし，それらの中から私たち自身が取捨選択して，その経験を自分の意識に組み込んでいきます。そして，私たちには，毎日の暮らしの中で感じている不安や憤りや感動を，誰かに言われたからではなく，「人に伝えたい私がそこにいる」という気持ちから自分の思いを自分の意思で相手に思い切って伝えていくことができるのです。

　私が私であることをめざしながら，社会の一員として生きていくには，私が私のことをいつも見ていることが大切です。そして，見ていて気づいたり，感じたりしたことをそのまま放っておいたりせず「なぜ，そんなふうに感じたのか」「なぜそうしたことが起こったのか」と考え，「じゃあ，いつもどおりでなく少し考えてみよう」「次に，どうしたらいいのか」「どんな目標をもつと，変えられるんだろう」と自分を点検したり，成長への手がかりをつかんでいけるよう体験学習の循環過程をまわすことも忘れないでください。そうすることが，私たち自身をつくり，私たちの周りの人を巻き込みながら，この世の中に小さな変化を起こし，人と人がお互いに尊重され生きていく社会へと変えていくことになるのです。

文　献

内田伸子［編著］（2002）．発達心理学　放送大学教育振興会
柏木惠子（2008）．子どもが育つ条件―家族心理学から考える　岩波書店
河合隼雄（1980）．家族関係を考える　講談社
鯨岡　峻（2002）．〈育てられる者〉から〈育てる者〉へ―関係発達の視点から　日本放送出版協会
『ちいさい・おおきい・よわい・つよい』編集部［編］（2005）．育児誌を作った人たちの育てられ方，育て方―わたしと親の関係から　ジャパンマシニスト社
Chio編集委員＋読者［延150万人代表］編集委員［企画］［編］（2004）．育てるということ―不安な時代に親になった人に効く23のアドバイス　ジャパンマシニスト社
津村俊充（2012）．プロセス・エデュケーション―学びを支援するファシリテーションの理論と実際　金子書房
津村俊充・山口真人［編］南山短期大学人間関係科［監修］（2005）．人間関係トレーニング―私を育てる教育への人間学的アプローチ　第2版　ナカニシヤ出版
広田照幸（1999）．日本人のしつけは衰退したか―「教育する家族」のゆくえ　講談社
星野欣生（2007）．職場の人間関係づくりトレーニング　金子書房

Wild Bergamot

おわりに

　7章にわたり女性の視点を中心に，人間関係についていろいろ述べてきました。それぞれの章で著者が異なるので，いろいろな雰囲気をもつ文章を読んでいただいたと思いますし，同じようなことでも著者によってとらえ方が違っていると，感じられたこともあったのではないでしょうか。この本の中でも何度も述べてきた，著者一人ひとりの違いを大切にして，読者にもそれを感じてもらえればと考えたのですが，いかがでしたでしょうか。文中では，私たちSeedsのメンバーそれぞれの体験談なども紹介しながら，内容が皆さんの身近なものとして読み進められるように心がけました。読みながら「私も一緒だ」とか，「そういうこともあるな」などと思っていただけたらいいと思っています。また，私たちが人間関係で出会ういくつかの疑問やトラブルなどを考える際に，助けになることや理解を深めることになる理論も，身近なものとしてできるだけわかりやすく紹介してみました。こちらも参考にしていただければ幸いです。

　ざっと内容をふりかえってみます。序章では，日々の生活の中で体験から学んでいくことや，時折出会う困難や心配などを乗り越えていくためのヒントになる理論を，簡単に紹介させていただきました。これらはラボラトリー方式の体験学習の中核になる考え方ですので，まず皆さんに一番に理解していただきたいものです。1章は，いくつかのライフステージで起こる出来事の中で，私たちがどのように過ごし，自分を磨き，人間関係を築いていると考えられるかを述べています。2章は，自分の判断の基準になっている価値観やそれに伴う意思決定について，自己実現に及ぼす影響や人間関係とどのように関連しているのかなどについて紹介しています。価値観や意思決定は，自分の人生が自分自身のものである感覚をもって生きていくことに大きな影響があることだと思います。そういった意味で参考にしていただきたい章です。3章は，人にとってとても大切な，でも日頃はあまり意識せずに暮らしている感性や感情について触れました。感性や感情は人間関係を考えていくうえで，大きなヒントをもっています。日頃は何気なく受け止めていることだけに，少しでも意識を向けるきっかけにしていただきたいと思っています。また，言語以外のコミュニケーションであるノンバーバルコミュニケーションがいかに正直なものであり，コミュニケーションに影響を及ぼしているかも理解していただくことを試みました。そして，ラボラトリー方式の体験学習の基礎となっているTグループについても紹介させてもらいました。4章は，必ず誰もが経験している周囲の人との関係について書いています。人との関係が人を育てていくことを知っていただけたでしょうか。また，それだけに互いの関係が，それぞれの成長を助けることも相手を傷つけることもあるのだということもお伝えしました。そして，互いに高め合える関係づくりに必要な自己開示やフィードバックについても紹介させていただきました。是非，誰かとやり取りをする時に，少し意識してかかわっていただけたら嬉しいです。5章では，人間関係には欠かすことのできないコミュニケーションについて，コミュニケーションがどのように行われているか，効果的なコミュニケーションの5つの要素を中心に紹介し，コミュニケーションが果たす役割を理解していただきました。その中で，私たちが使っている言葉の表現方法や3章で大切なものであるとお伝えした感情を，どのように表現したら人間関係に活かすことができるかなどにも触れていきました。5章の最後に紹介した「アサーション」という考え方は，日本の文化の中で育ってきた私たちにとって，多くのヒントを与えてくれるでしょう。6章は少し堅苦しく感じたかもしれませんね。文中でも述べましたが，組織という言葉は身近な感じがし

ませんし，たった一人の人間が頑張ったとしても変わらない大きなもののようにも思ってしまいます。けれどもこの本の中で何度かお伝えしてきたように，社会変革は一人の人がちょっと考え方を変えたり，言動を変えたりすることから始まります。そういった意味で，多くの人とかかわる組織（大きな意味ではグループ）の中で，あなたがどのように存在していられるかは重要な意味をもつと思います。また，組織にいるからこそ，一人ではできないこともできる可能性が生まれるという著者からのメッセージも受け取っていただけたでしょうか。最後の7章では，人が人の中で生きていく出発点とも言える家族について触れていきました。自分が子供として受けてきた家族の影響，自分が親として家族に与えた影響や自分自身の変化を，4人の子供をもつ著者が実体験を基に正直に書いてくれました。安心していられる場である家族の中で，それぞれが自分らしくいられることにチャレンジ（特別なことではなく自分に正直に行動するということ）しながら，多くの人間関係を学んでいることを確認することになったのではないでしょうか。7章ではマネジメントと表現していますが，安心の場を提供することに，家族の中で妻や母といった存在になる女性が果たす役割は大きいものです。家族の形はそれぞれですが，家族の中で妻や母という自分がどのような働きかけができるのかは，何世代にもわたる未来を思う時，日本そして世界の将来がかかっていることなのかもしれません。

　ここまできて今さらですが，この本は女性を意識して書いたものですが，男性にとってもきっとヒントになることがあると思います。というのも，私自身人間関係において，あまり性別を意識したことがないからです。私があまり女性らしくないことも事実ですが，案外男も女も同じようなところで悩んだり戸惑ったりしているのではないでしょうか。そんな時にちょっと視点を変えてみるとか，何が起こっているかを吟味することは性別にかかわらず必要なことでしょう。男性が女性目線でものごとをとらえることは，視点を変えることにほかなりませんし，「ああでもない，こうでもない」といろいろ考えるのは，男性よりも女性の方が得意だと思います。そういった意味でも女性目線で書かれたこの本を，男性にも参考にして欲しいと思っています。どうぞ女性の皆さん，身近な男性に，この本を読むことを勧めてください。きっとあなたへの理解も深まることと思います。

　何度か「社会の変革者になれ」という"革命家への勧め"のようなことを書いてきました。しかし，何もジャンヌ・ダルクのように戦えと言っているのではありません。誰もがもっている自分自身の力を活かして，あなたらしい毎日を送ってほしいのです。自分の人生を自分でつくり出している実感がもてる人生を生きてほしいということです。それはちょっとした意識で誰にでもできることだと思います。そのヒントをこの本には精一杯書き記してきました。書いている私たちも特別な人間ではなく，この本も苦労しながらつくりあげてきました。それぞれがここに書いたことも，最初から理解できていたことではなく，長い時間をかけて自分の課題に取り組むことから少しずつ見えてきたことを書き綴ったものです。無理をしなくても，あなたの思いや疑問を一つずつ積み重ねていくことが，一滴の水が波紋を広げるように，あなたの周囲の人たちに何かの影響を与えていくのだと思います。そして，それが積み重なっていけば，きっと大きなうねりとなって社会を変えていくのだと思います。

　私たちのグループ名のSeedsは，私たちの恩師から贈られた言葉「社会の変革者になれ」に由来しています。私たちが，恩師から得た人間関係の学びを，社会に還元していく"種"になるという意味です。先ほども書いたように，大層なことをするわけではありません。毎日出会う出来事の中で，自分の感覚を生かし，些細なことも無視することなく，自分らしくものごとに向かっていくこと，これが"種"である私たちにできることです。私たちの母校である南山学園のスローガンは「人間の尊厳のために」です。学生の時はそれほど気にも留めなかったこの言葉を，今はとても大切に思います。私もあなたも，かけがえのない一人の人間であり，とても愛おしい

存在です。私たちは，今まで私たちを支え導いてくださった方々に感謝して，「人間の尊厳のために」いつも力を尽くせる人であり続けたいと思っています。

　最後までお読みくださって，ありがとうございました。

人名索引

ア行
伊藤雅子　*32*
植平　修　*39*
ウーレイ, A. W.　*38*
ウォレン, J.　*67*

カ行
カーソン, レイチェル L.　*30*
ギブ, J. R.　*84, 85, 89*
グラバア俊子　*33, 35*
コージブスキー, A.　*64*
ゴーブル, F. G.　*22*
コルブ, D. A.　*2*

サ行
最澄　*6*

タ行
杉山郁子　*39*

タ行
津村俊充　*3, 4, 5, 49*

ナ行
中村和彦　*39*

ハ行
ハヤカワ, S. L.　*64*
平木典子　*71*
廣井　脩　*89, 90*
ベックハード, R.　*16, 17*
星野欣生　*41*

マ行
マズロー, A. H.　*13, 18, 19, 22, 23*
松本人志　*19*
三隅二不二　*92*
メラビアン, A.　*34*

ヤ行
柳原　光　*6*
山口真人　*32, 39*
山崎ナオコーラ　*55*

ラ行
リピット, R.　*48*
レヴィン, K.　*39*
ロジャーズ, C. R.　*81*

事項索引

A-Z
EIAHE'　*2*
GRPI モデル　*16*
PM 理論　*92*
Seeds　*1, 38, 113*
Tグループ　*28, 38-41*

ア行
アグレッシブ　*71, 72-73*
アサーション　*14, 54, 71, 75*
アサーティブ　*71, 72, 74*
アンテナ　*109*
意思　*104, 106, 110*
意思決定　*11, 25-27, 85, 94*
受け入れる　*14, 83, 84*
噂　*77*
影響　*20-21, 24, 44, 48, 59, 77, 79, 87-88, 91-93*
親子　*98, 104*

カ行
学習共同体　*32*
家族　*98, 106*
価値観　*20-24, 64, 106*
関係づくり　*104*
感受性　*29, 38, 42, 101*
感受性訓練　*40*
感情の取り扱い　*62*
感性　*29, 109*
間接表現　*67, 68*
聞き手としての留意点　*102*
基準　*20-21, 24, 25*
協働生活　*52*
共有　*26, 52, 93, 99*
グループの成長　*4*
グループプロセス　*94*
経験　*20, 23, 26, 50, 81-83, 106, 108*
経験学習理論　*2*
決断　*105*
効果的コミュニケーションのための5つの要素　*54, 58, 60*
肯定的自己概念　*50*

合理化　*81*
固着化　*50*
ことばの抽象度　*64-67*
個の尊重　*41*
コミュニケーション　*33, 34, 54, 57, 69, 74, 85, 94, 101*
コミュニケーション・プロセス　*56, 57*
コンセンサス　*25-27, 94*
コンテントとプロセス　*3-4*
→人間関係を観る2つの視点

サ行
支え合い　*53*
参加的観察　*95*
シェアードリーダーシップ　*93-94*
自己開示　*3, 44, 63, 69, 102*
自己概念　*47, 58, 59, 60-62, 80-83*
自己肯定感　*23, 108*
指摘　*4*
自分らしさ　*19*
社会的感受性　*38*
社会的相互作用の循環過程　*48*
社会の変革者　*113*
社会変革　*113*
集団意思決定　*25*
集団規範　*99*
集団の機能　*92*
ジョハリの窓　*4-6, 25, 44*
人生　*8, 23*
人生の岐路　*23*
成長　*44, 53, 80, 82, 93, 109*
選択　*22, 26, 85, 102*
相互依存　*41*
相互援助関係　*97*
組織　*77, 93*
育つ　*107*
育てる　*105, 109*

タ行
ターニングポイント　*8*

体験学習の循環過程　*2-4, 67*
体験から学ぶ　*2, 6*
ダブルメッセージ　*33-34*
直接表現　*67-68*
直接報告　*67, 68*

ナ行
人間的なコミュニケーション　*101*
人間関係を観る2つの視点　*3-4*　→コンテントとプロセス
人間の尊厳　*26, 113*
ノン・アサーティブ　*71, 72, 74*
ノンバーバル・コミュニケーション　*28, 33-35, 69, 112*

ハ行
話し手としての留意点　*101*
判断　*20-21, 24, 108*
ファシリテーター　*3*
フィードバック　*6, 46-47, 51, 67, 88, 102*
夫婦　*98, 104*
変化　*9-12, 23, 27, 62, 79, 93*
報告・推論・断定　*64-65*
ポジティブな感情　*29*
メッセージ　*101*
目標　*16-17, 27, 52, 77, 86, 88, 91, 93, 99*

ヤ行
抑圧　*82*
欲求　*18, 22-23, 82*
4つの懸念　*84, 86, 88*

ラ行
ライフステージ　*89*
ラボラトリー方式の体験学習　*2*
リーダーシップ　*77, 91-92*
ルビンの盃　*24*

■ 編著者紹介 （*は編者）

杉山郁子 *（すぎやま いくこ）
担当：はじめに，1章，2章，おわりに
グループファシリテーターの会 Seeds 代表
日本体験学習研究所 研究員

諸岡千佐子（もろおか ちさこ）
担当：3章
グループファシリテーターの会 Seeds

小出公子（こいで きみこ）
担当：4章
グループファシリテーターの会 Seeds

古田典子（ふるた のりこ）
担当：序章，5章
グループファシリテーターの会 Seeds

福原光子（ふくはら みつこ）
担当：6章
グループファシリテーターの会 Seeds

園木紀子（そのき のりこ）
担当：7章
グループファシリテーターの会 Seeds

伊東留美（いとう るみ）
担当：イラスト
南山大学人文学部心理人間学科准教授
（アートセラピー，臨床心理士）

グループファシリテーターの会 Seeds

「グループファシリテーターの会 Seeds」は，南山短期大学人間関係科で学んだ卒業生が中心となって 2001 年 12 月に結成しました。

短大時代にラボラトリー方式の体験学習に出会い，社会経験を通して，改めてラボラトリー方式の体験学習のもつ学びの魅力と必要性を強く感じ，この学び方がより多くの人々に知られ，必要とされるところで活かされるよう，その普及と発展に貢献したいと願い集まった仲間です。

私たちは，人間関係の中で起こるさまざまな問題に向き合うために，互いに尊重しあい，安心してかかわりのもてる学びの場を提供しています。そこで学習者がより良い人間関係をつくり，自己実現をめざしていく過程を援助促進（ファシリテート）していくことを実践しています。

URL：http://gf-seeds.com/about/

「今ここ」を生きる人間関係

2014 年 3 月 30 日　初版第 1 刷発行
2023 年 10 月 30 日　初版第 6 刷発行

（定価はカヴァーに表示してあります）

監　修　グループファシリテーターの会 Seeds
編　者　杉山郁子
発行者　中西　良
発行所　株式会社ナカニシヤ出版
〒606-8161　京都市左京区一乗寺木ノ本町 15 番地
　　　　　Telephone　075-723-0111
　　　　　Facsimile　075-723-0095
　　　　　郵便振替　01030-0-13128
　　　Website　http://www.nakanishiya.co.jp/
　　　E-mail　iihon-ippai@nakanishiya.co.jp

装幀＝白沢　正／印刷・製本＝創栄図書印刷
Copyright © 2014 by I. Sugiyama
Printed in Japan.
ISBN978-4-7795-0837-0

本書のコピー，スキャン，デジタル化等の無断複製は著作権法上の例外を除き禁じられています。本書を代行業者の第三者に依頼してスキャンやデジタル化することはたとえ個人や家庭内の利用であっても著作権法上認められていません。